LEVANTONES, NARCOFOSAS Y FALSOS POSITIVOS

LEVANTONES, NARCOFOSAS Y FALSOS POSITIVOS

José Reveles

Prólogo de

Edgardo Buscaglia

Grijalbo

***Levantones, narcofosas* y falsos positivos**

Primera edición: octubre, 2011

www.rhmx.com.mx

Comentarios sobre la edición y el contenido de este libro a:
megustaleer@rhmx.com.mx

ISBN: 978-607-310-621-4

Impreso en México / *Printed in Mexico*

Índice

Prólogo

La destrucción masiva de vidas humanas como producto de conflictos armados ha consumido a sociedades a lo largo de la historia, y siempre ha encontrado su correlato en campañas mediáticas que sostienen justificaciones basadas en ideales vacíos y en la demonización del *enemigo.* También la historia está plagada de casos en donde regímenes corruptos con carencia de representatividad popular, y con ansias de preservar su poder político y económico, *queman* a generaciones enteras de sus ciudadanos en escenarios de violencia desenfrenada que llegan a constituirse en verdaderos holocaustos. Es el caso paradigmático de México en la actualidad. Ningún ideal u objetivo histórico puede justificar la carnicería humana que ha estado causando la ausencia de una estrategia estatal de desarrollo social y político para fomentar, en general, la prosperidad de las presentes y futuras generaciones de mexicanos y, en particular, para desarticular los andamiajes de los grupos criminales.

Las desapariciones de miles de hombres y mujeres de las más variadas nacionalidades que cubren un amplio espectro de países latinoamericanos; los *falsos positivos,* casos en donde miles de ciudadanos inocentes son detenidos, explotados, asesinados y luego clasificados como delincuentes; la trata y el tráfico de seres humanos, amén de otros tipos de violencia organizada de Estado que aborda José Reveles en esta obra, constituyen crímenes trasnacionales y violaciones a los 58 tipos de derechos humanos fundamentales plasmados en todos los acuerdos internacionales que México ha ratificado. Esta calamitosa tragedia social ha llevando al país a un escenario de guerra y corrupción de Estado más propio de ciertas zonas del África subsahariana o de Asia Central. La violación masiva de derechos humanos es sintomática de un déficit institucional de enormes proporciones causado por una transición política caótica sin rumbo iniciada en los años ochenta del siglo pasado, transición que hasta ahora ha beneficiado sólo a una élite político-empresarial cómplice, por acción u omisión, del crimen organizado de Estado y paraestatal.

Durante los últimos 25 años, el Estado y la sociedad mexicana han perdido su rumbo de desarrollo social y político en pos de un modelo de entrega de sus instituciones a intereses privados legales e ilegales que se han apoderado de las mayores fuentes de riqueza; una riqueza que antaño había colocado a México entre los países en desarrollo con mayores posibilidades de ser catapultado al "primer mundo". El modelo adoptado por los regímenes del PAN, PRI y un fragmentado PRD desde hace ya décadas simplemente se ha deslindado de todo modelo de desarrollo social en un sentido amplio, y ha adoptado una versión de capitalismo *crony* (mafioso) y anacrónico.

Al final de la década de 1980, las instituciones públicas en los sectores de salud, educación, trabajo y desarrollo social fueron privatizadas de facto y entregadas a mafias privadas legalizadas y sindicales, así como a mafias *legales* empresariales que fusionaron sus intereses sectarios con grupos criminales, que a su vez comenzaron a competir por el poder político como extensión de su fuerza económica. En este dantesco contexto, puñados de familias se enriquecieron a costa del futuro de un país. El acceso efectivo a los derechos sociales, económicos, de educación y salud se deslizó a un segundo plano, y el negocio del poder político se adueñó de la mentalidad de los dirigentes de los supuestos centro, izquierda y derecha. En este marco, México ya no posee ideologías políticas en un sentido estricto, ya que toda legislación representa un negocio, y así toda política pública debe atender a los inversores del poder pasando por alto el interés público de una población que desesperadamente observa cómo se derrumba su calidad de vida.

En esta orgía de corrupción y de violencia, el Estado mexicano ha sido ya fragmentado como un rompecabezas, en donde cada parte fue capturada por un cártel diferente, legal o ilegal. Hoy nos encontramos, como consecuencia, ante un sector público mexicano que no es capaz de fomentar la seguridad humana, entendida como el ejercicio efectivo de los derechos civiles, políticos, económicos, sociales y culturales. Entre 55 y 66 por ciento de las campañas electorales dan señales de que su financiamiento ha sido infiltrado por dinero ilegal, mientras que 62 por ciento de los mexicanos en edad de votar percibe que sus derechos políticos han sido cercenados por la compra de votos. Esto abarca a todos los partidos y a todos los órdenes de gobierno. En este contexto, la voz de las mafias empresariales legalizadas e ilegales posee mayor peso que la débil y distante voz de un ciudadano promedio. Como consecuencia, los derechos políticos de los mexicanos hoy son la alfombra por donde caminan las oligarquías corruptas de pseudo-derecha y pseudo-izquierda que han capturado al Estado. En tal circunstancia, ninguna política social tendrá jamás la posibilidad de despegar y atender al bien público, dado que el negocio de todo paquete legislativo atiende a los intereses de estas múltiples mafias.

Por lo demás, en los ámbitos del Poder Legislativo o Judicial debería comprenderse el concepto de seguridad de las instituciones del Estado como condición del fomento de la seguridad humana. No obstante, el mediocre y corrupto régimen actual en México entiende esta última simplemente como "seguridad nacional", en un sentido anacrónico militarista, más propio de los regímenes fascistas del siglo XX. En México no existe la noción de que la seguridad de las instituciones de un Estado implica la estabilidad, la integridad y la efectividad de los responsables de asegurar el ejercicio básico de los derechos fundamentales. Este concepto de seguridad de las instituciones posee un significado mucho más amplio que el restringido ámbito de la seguridad nacional, en el citado sentido castrense. Por lo tanto, sin la seguridad de las instituciones no podrá alcanzarse la seguridad humana.

La fragmentación del Estado mexicano, como producto de una transición política que está lejos de concluirse, ha causado en el sector público una incapacidad para fomentar la seguridad humana, lo que se manifiesta por definición en una proliferación de grupos delictivos que compiten con una agresividad cada vez más alarmante por espacios políticos y de poder económico. En este sentido, hoy en México la corrupción política al más alto nivel es el principal motor de la violencia encarnizada y de las violaciones masivas de los derechos humanos, presentadas con el más fino detalle por José Reveles.

Ahora bien, podría pensarse que ante la consolidación política de un solo grupo criminal, el índice de los "homicidios organizados" se reduciría a cero. Sin embargo, hay que recordar que ese índice no constituye una medida del éxito o fracaso en la contención de la delincuencia y, más grave aún, tal escenario hipotético representaría el colapso de los derechos humanos de la población cautiva de una mafia. Esta decadencia continuará hasta que un movimiento de red social constituido por miles de organizaciones no gubernamentales, no cooptadas por el poder en turno, salga a las calles a protagonizar una revolución política y social pacífica con propuestas concretas de cambio, y, al mismo tiempo, las élites político-empresariales perciban sus vidas y sus patrimonios en jaque, y se vean forzadas a generar un pacto de proporciones históricas para refrenar las versiones más obscenas de corrupción vigentes en el más alto nivel de los sectores público y privado. Mientras estas dos condiciones no ocurran, el proceso de destrucción masiva de la sociedad y el Estado mexicanos seguirá el curso de violencia y corrupción que José Reveles describe en esta obra. A lo largo de la historia no existen determinismos y fatalismos, sólo oportunidades históricas que se ganan o se desperdician.

EDGARDO BUSCAGLIA[1]

[1] Director del International Law and Economic Development Center (Universidad de Virginia) y *Senior Research Scholar* en la Universidad de Columbia, Nueva York; se ha desempeñado como asesor en jefe de organizaciones internacionales, tales como la ONU, en 87 países del orbe, incluidos Afganistán, Colombia, Indonesia, México, Nigeria y Paquistán.

Introducción
En el país de los desaparecidos

Cuando me reuní con los agentes federales que, en grupo y quitándose la palabra unos a otros, me narraban de viva voz cómo, durante la traumática búsqueda de cadáveres en decenas de fosas clandestinas de San Fernando, Tamaulipas, habían sido testigos de que allí se encontraban incluso autobuses sepultados con todo y pasajeros, me pareció una vil y vulgar exageración nacida del protagonismo, un vuelo absurdo de su imaginación desbordada por cargas de trabajo, un exceso nacido de ese realismo salvaje al que se nos quiere acostumbrar desde el poder.

"Lo que sale en los periódicos y en los noticiarios no es nada", insistieron ante mi escepticismo: había más de 1500 cadáveres sepultados solamente en esa región de Tamaulipas.

"Mil quinientos pasaditos", remacharon textualmente lo que ellos habían escuchado como cifra calculada por sus jefes y por militares, dicho en voz alta delante de policías estatales que participaban, en mayo de 2011, en la ubicación de cementerios clandestinos.

El día del hallazgo del primer autobús enterrado con todo y ocupantes, inmediatamente se impuso a los testigos una especie de "ley del silencio" para no escandalizar y crispar todavía más a la sociedad mexicana. Aun así pude leer copias de algunos partes policiales que aludían a tan macabra información, de prisa y casi arrebatados de mis manos por quienes se atrevieron a mostrarlos pese a la prohibición.

Y no es que al gobierno mexicano le escandalice aceptar estas cifras macabras, como veremos adelante, pues suele apoyar su discurso antinarco en la ecuación absurda que Estados Unidos utilizó en

Vietnam hace décadas (el llamado *body count*), según la cual entre más muertos había, más se confirmaba el éxito de la estrategia de guerra.

Pero fue tan impresionante el hallazgo en San Fernando, que en los más altos niveles del gobierno se decidió por el momento ocultar o negar la información sobre los autobuses bajo tierra. Concluyo que se difirió la difusión para una ocasión más propicia (si la hubiere), y que iremos recibiendo la atroz noticia aderezada con confesiones directas, durante arraigos prolongados o descrita por testigos protegidos: ya se irá dando a conocer el lado más oscuro de la masacre de una manera parcial y a cuentagotas, con una versión a modo y para que el tema, lejos de dañar la imagen pública del presidente Felipe Calderón, le reditúe ganancias mediáticas.

Ya para julio de 2011 los medios reportaban al menos 46 fosas clandestinas confirmadas y hurgadas solamente allí, en San Fernando, con más de 230 cadáveres. A tan macabra contabilidad había que añadir que durante abril, mayo y junio de 2011 habían aparecido al menos otros 251 cuerpos humanos sepultados en Durango. Sumaban, pues, casi 500 entre uno y otro sitio —con solamente 23 cadáveres identificados—; lo sorprendente, para observadores externos de nuestra realidad, es que frente a estas masacres confirmadas en sólo dos estados de la República no se hubiese armado una revolución en nuestro país.

Con tanta muerte inocultable, el gobierno confirmaba lo que ya en diversos medios habíamos ido documentando a lo largo de los últimos cuatro años: que hay múltiples cementerios, grandes y pequeños, utilizados para esconder bajo tierra o en cuevas, en viejos socavones de minas abandonadas, en pozos artesianos, en excavaciones bajo patios y lotes baldíos, a orillas de caminos y en cenotes, bajo las aguas de lagunas o en el mar, cientos de cuerpos de víctimas de múltiples actos de violencia que requerirían de una explicación mínimamente confiable que nadie ofrece desde el gobierno, que nadie reclama tampoco organizadamente desde la sociedad, porque estamos lejos de ser una nación de "indignados".

Mucho antes de los hallazgos brutales y abrumadores de Tamaulipas y Durango, se habían ubicado ya más de 125 entierros clandestinos en 19 estados de la República, con más de 800 cadáveres, según recuentos hemerográficos y de organizaciones civiles, en el sexenio de Felipe Calderón. En sitios viejos y nuevos, la sumatoria investigada por los medios supera los 1 350 asesinados, si se incluyen los 72 de los migrantes que en agosto de 2010 aún no estaban enterrados.

El sacerdote Alejandro Solalinde, defensor de migrantes centro y sudamericanos, sugería buscar en Veracruz: "Allí van a encontrar más cuerpos que en San Fernando", soltó en el noticiario de Carmen Aristegui en MVS. Lo decía con responsabilidad (me lo confirmó después personalmente), a partir de decenas de testimonios de los propios migrantes. Sostuvo su dicho cuando conversé con él por teléfono después de que se reunió con el gobernador veracruzano Javier Duarte el viernes 1 de julio de 2011, a propósito del secuestro de migrantes centroamericanos cerca de Medias Aguas, en donde el tren de carga apodado *La Bestia* frenó cientos de metros más allá de la estación para permitir que "en *camionetones* de lujo" fueran hechos rehenes un número indeterminado de indocumentados. Ochenta, calculaba el padre Solalinde. "Fueron cinco nada más", decía el secretario de Gobierno de Veracruz, Gerardo Buganza, quien había ido a la zona junto con el comisionado del Instituto Nacional de Migración, Salvador Beltrán del Río, para recorrer tramos ferroviarios y concluir que no había indicios de un secuestro masivo donde era obvio que había sucedido. Duarte tuvo que reprender a Buganza y hacerle ver que el secuestro de cinco o cien individuos era un delito igualmente grave y preocupante que debía perseguirse.

Solalinde adelantó que fue informado, incluso, del nombre del lugar de Veracruz donde las bandas criminales se deshacen de los cadáveres de sus víctimas, centroamericanas en su mayoría. Se lo dijo al presidente Calderón cuando lo pudo tener cerca y también lo comentó en una reunión de los obispos de la entidad, uno de los cuales le enmendó la plana: "Son dos" los sitios donde se confinan cuerpos. El gobierno ya lo sabe y, entre más se tarde en iniciar la búsqueda, menos indicios hallará, pues en algunos casos se trata de campamentos y ranchos con métodos definidos y herramientas listas para deshacerse de los cuerpos.

Las hipótesis más escabrosas comenzaron a robustecerse cuando la Policía Federal capturó a Édgar Huerta Montiel, *El Guache*, un desertor del Ejército de solamente 22 años de edad que se ocultaba en Fresnillo, Zacatecas. La autoridad federal dio por ciertas las atrocidades confesadas, aparentemente sin presión alguna, por este "jefe de Los Zetas en San Fernando" (como fue presentado por la Secretaría de Seguridad Pública), al grado de difundirlas en rueda de prensa y en video.

Según confesó *El Guache*, hay por lo menos otros 600 cuerpos inhumados en decenas de fosas clandestinas adicionales en Tamaulipas. Precisó que él encabezó personalmente el secuestro de seis autobuses repletos de pasajeros, cuyos ocupantes fueron todos torturados e interrogados antes de ser asesinados, y también que en agosto de 2010 había ordenado la matanza colectiva de 72 indocumentados centro y sudamericanos que iban ocultos bajo lonas en dos camiones de redilas y cuyos cuerpos aparecieron acribillados. Gracias a que hubo un par de sobrevivientes, la autoridad llegó al rancho antes de que fueran a dar como los anteriores, casi seguramente, a una de las hoy mal nombradas *narcofosas*.

El gobierno parecía no darse cuenta de que difundir la existencia de "otros 600 cuerpos" en fosas clandestinas sólo en Tamaulipas, sin ofrecer los resultados que por lógica deben derivarse de las confesiones de los autores materiales, únicamente reafirmaría el sentimiento de que la impunidad sigue privando porque no se informaba de búsqueda adicional alguna, aunque ya había 81 arraigados y consignados por estas masacres, como se reportaba a principios de julio. A éstos se agregarían cuatro detenidos en Coatzacoalcos: Abraham Barrios Caporal, *Erasmo*; Johnny Enríquez, *El Guiler*; Luis Cabrera, *El Ronny*, y Ramón Evangelista, *El Cangrejo*, todos presuntos integrantes de Los Zetas y dependientes de otro capo capturado semanas antes, Martín Omar Estrada, *El Kilo*, a quien se atribuyó también ser jefe de la célula criminal que dominaba el municipio de San Fernando, Tamaulipas; Estrada daba órdenes a matones sin uniforme y a policías municipales igualmente asesinos.

En términos de horror da lo mismo saber de 600 cuerpos más bajo tierra que de "1 500 pasaditos", pero la autoridad difundía cifras sin indagatoria ni comprobación, como quien habla de una efeméride o un asunto normal, un episodio más de la vida cotidiana. Queda claro para cualquier ciudadano consciente —aunque no para el gobierno— que esa indecible catástrofe humana que ha venido mostrando al territorio mexicano como un enorme queso gruyere de excavaciones clandestinas repletas de cadáveres llegó en 2011 a límites absurdos, demenciales, a un verdadero holocausto.

Las versiones dispersas, contradictorias, parciales, manipuladas y hasta perversas y mentirosas de la autoridad no alcanzaban para explicar a la opinión pública mexicana ni internacional la dimensión de la tragedia que representan casi 500 cuerpos sin identificar solamente en dos sitios del país: Tamaulipas y Durango. Incluso cuando fue capturado *El Guache*, a quien la prensa pronto apodó *El Verdugo de San Fernando*, se ofrecieron versiones encontradas:

1. En un video distribuido por la autoridad, el propio detenido dijo a la policía que los crímenes ocurrieron por la sospecha de que pudiera tratarse de sicarios enviados por el grupo enemigo, el Cártel del Golfo, del que Los Zetas se escindieron a principios de 2010.
2. La Secretaría de Seguridad Pública federal afirmó, por su parte, que se aprovechaba a los rehenes, antes de matarlos, para exigir rescate a sus familiares en Estados Unidos.
3. Se manejó igualmente la versión de que, al eliminarlos masivamente, Los Zetas evitaban que estos infelices fueran reclutados por organizaciones rivales.
4. En cambio, cuando se descubrió la masacre de agosto de 2010, privó la hipótesis oficial de que los indocumentados centroamericanos habían sido sacrificados porque rechazaron la oferta de enrolarse con Los Zetas; esa negativa habría bastado para que fueran liquidados.

Ninguna de las hipótesis —supuestos enemigos, víctimas de extorsión, potenciales reclutados por el grupo contrario o reacios a incorporarse a Los Zetas— ofrece una versión confiable, un *modus operandi* homogéneo, alguna lógica que le otorgue unidad a este horror colectivo.

En lo único en que coinciden las autoridades es en culpar como ejecutores a Los Zetas, ese grupo que —como es sabido— se integró a finales de los noventa con 40 desertores del Ejército pertenecientes a los Grupos Aerotransportados de Fuerzas Especiales (Gafes), quienes fueron contratados como sicarios por el Cártel del Golfo cuando su líder era Osiel Cárdenas Guillén, *El Mata Amigos*. Preso este capo, y luego extraditado a Estados Unidos, sucedieron divisiones en la organización criminal, y finalmente Los Zetas decidieron erigirse en un cártel independiente, en violenta ruptura contra sus ex jefes del Golfo.

La catástrofe humana que significaban no menos de 460 cuerpos que nadie podía identificar (pese a que, por otro lado, centenares de familiares recorrían un largo viacrucis por las morgues locales y el Servicio Médico Forense del Distrito Federal, a donde en un principio fueron trasladados 120 cadáveres, al igual que habían sido transportados los 72 centroamericanos de 2010) llevó tardíamente al gobierno mexicano a proponer un banco de datos genéticos para lograr que algún día empaten los asesinados y sus familiares. Lo hizo la procuradora Marisela Morales Ibáñez el 9 de junio de 2011 en Tuxtla Gutiérrez, ante todos sus homólogos de los estados, durante la XXV Conferencia Nacional de Procuración de Justicia. A mediados de julio (tres meses después de los primeros hallazgos masivos de 2011) había sido confirmada la identidad de sólo 23 cuerpos, los cuales fueron entregados a sus parientes para que les dieran sepultura.

El horror se volvió institucional en el momento en que dejó al desnudo la precariedad del aparato gubernamental para atender masacres de esta magnitud, porque fue evidente la pobreza pericial; porque hubo descuidos imperdonables en el tratamiento de los cadáveres; porque privó el nulo respeto a los deudos (se les exigía una *mordida* de miles de pesos sólo por dejarlos revisar si entre los muertos —algunos en avanzado estado de descomposición— estaban los suyos); porque no hubo capacidad para aplicar suficientes pruebas de ADN; porque un municipio como San Fernando, tan grande como el estado de Tlaxcala, no contaba con infraestructura forense alguna, y ni siquiera con agente del Ministerio Público (el último, Roberto Javier Suárez Vázquez, que había iniciado la averiguación por el asesinato colectivo de migrantes en agosto de 2010, apareció muerto a balazos en una carretera por aquellos días); porque en vez de practicar autopsias en cada estado o municipio, buena parte de los cadáveres debieron ser transportados en tráileres que ni siquiera estaban acondicionados para el caso, a través de cientos de kilómetros, hasta llegar al Distrito Federal, con el antecedente agravado de que antes se había volcado el vehículo que traía a los 72 cuerpos acribillados de migrantes y había dejado un reguero de cuerpos en la colonia de los Doctores, ya casi para llegar al Servicio Médico Forense.

En Durango, el tratamiento oficial que se dio a la tragedia brotada de las fosas clandestinas solamente la empeoró, si es que es posible utilizar tal verbo en este caso: el gobierno comenzó rescatando cuerpos con trascabos, palas mecánicas, retroexcavadoras y diversa maquinaria pesada, lo que contribuyó a destruir lo que quedaba de ellos y dejó los restos en una pedacería imposible de identificar. A finales de junio se reportaba en Durango que 96 cadáveres habían sido enviados para ser enterrados —sin cotejo posible de identidad, aunque había cientos de dolientes en la búsqueda de sus seres queridos— al panteón Valle de Los Sabinos y el cementerio Getsemaní, mientras que otro centenar de cuerpos seguía en camiones con refrigeración. A las pocas semanas los hallados en fosas clandestinas fueron reinhumados, ahora en fosas comunes.

En este escenario infernal, de poco o nada me sirve a mí, ciudadano, que el presidente Felipe Calderón haya dicho (con flamígero dedo acusador y golpes sobre la mesa, regañando a las autoridades locales porque "no hacen su trabajo") que fueron policías municipales de San Fernando quienes, en vehículos oficiales, llevaron al matadero a cientos de ciudadanos indefensos, tomaron parte en las ejecuciones e incluso ayudaron a cavar las fosas para sepultar a las víctimas una vez asesinadas.

La acusación presidencial no pecaba de inocencia. Era, al mismo tiempo, un insólito reconocimiento oficial de que hay una participación activa de la fuerza pública en crímenes de lesa humanidad, pero con la salvedad de que el mandatario culpaba de esa criminal complicidad exclusivamente a la policía local, lo que supondría anticipar, sin pruebas, la absoluta inocencia de elementos del Ejército y de policías federales en tanta muerte. Aceptar esta afirmación de Calderón en forma acrítica equivaldría a eximir de cualquier sospecha a las fuerzas federales, a las tropas de uniforme verde olivo o camufladas y a los marinos, pero igualmente a los soldados que visten de gris y negro en papel de policías. Supondría también asumir que las víctimas de San Fernando eran "enemigos" reales o supuestos de Los Zetas, o que una inmensa mayoría eran inocentes pasajeros en tránsito por la "ruta de la muerte", con lo que se descarta cualquier hipótesis que sugiera una posible actuación de escuadrones de la muerte. También se excluye investigar que las víctimas pudieran haber sido concentradas para ser liquidadas y enterradas en Tamaulipas y Durango, aunque provinieran de otros puntos del país.

"Los narcos no esconden los cuerpos de sus víctimas", me dice Emilio Álvarez Icaza, ex ombudsman del Distrito Federal y participante activo en el Movimiento por la Paz con Justicia y Dignidad que encabeza el poeta Javier Sicilia. El propio Sicilia me recuerda que desde el surgimiento del movimiento zapatista empezaron a crearse grupos paramilitares formados por el Ejército estadounidense, y que Los Zetas se constituyeron con desertores del Ejército.

El general Francisco Gallardo le pone nombre a los grupos de exterminio con permiso para secuestrar, torturar, desaparecer y asesinar. Son los GIZ (Grupos de Información de Zona) o *gizes*, pertenecientes formalmente al Ejército, la Marina y la Fuerza Aérea. Podrían ser unos 3 mil en todas las zonas, regiones y guarniciones militares, improvisados espías que mal manejan la "inteligencia" en ciudades, pueblos y comunidades, y que visten de civil, pero reportan al alto mando. Cuando cometen alguna atrocidad y son descubiertos, simplemente se desmiente que pertenezcan a las fuerzas armadas, se los deja a su suerte aunque aleguen "obediencia debida" y "órdenes desde arriba", como fue el caso del teniente José Guadalupe Orizaga y Guerra y el subteniente Edwin Raziel Aguilar Guerrero, acusados en Morelos de la tortura y el asesinato de Jethro Ramsés Sánchez Santana, de 26 años, entre el 1 y el 2 de mayo de 2011.

El análisis realizado por otros expertos entrevistados, la recopilación de testimonios y el examen de casos concatenados en los que se pretende mostrar a víctimas inocentes como lo que no son (sicarios, narcomenudistas, halcones, jefes de célula o mandos medios de la delincuencia organizada) parecen confirmar que se extiende esa "limpieza social" con miles de víctimas por toda la República y que en México se pretende replicar la condenable práctica de lo que en Colombia se denominó los *falsos positivos*, que no eran sino ejecuciones extrajudiciales y a sangre fría de ciudadanos comunes, primero secuestrados o *levantados*, cuyos cadáveres después se disfrazaban y se pretendía hacer pasar como si fueran de guerrilleros, paramilitares o traficantes caídos en combate. No sobra recordar que el Plan Colombia y la Iniciativa Mérida son aplicaciones espejo, hijos siameses de la estrategia antidrogas del gobierno de Estados Unidos. En ambos esquemas, el colombiano y el mexicano, Washington ofrece ayudas nada desinteresadas a los gobiernos y ahora incorpora de manera más formal a países de Centroamérica, aunque se muestra cicatero y le regatea a los paupérrimos países de la cintura mesoamericana los millones que dilapida en lejanas aventuras bélicas. Estados Unidos introduce el modelo punitivo de combate al tráfico a través de dádivas que son ridículas si se considera que, en el caso de México, no representan ni 0.5 por ciento del gasto bélico en Irak y Afganistán.

Con estas dádivas se trata de frenar, fuera de las fronteras de Estados Unidos, el flujo de sustancias prohibidas para sus propios consumidores, pero sin pagar el costo de la violencia que provocan sus guerras inducidas. Las drogas cruzan hacia el norte, mientras el dinero en efectivo y las armas vienen hacia el sur, según ha reclamado en múltiples ocasiones el gobierno mexicano. Estados Unidos es el paraíso del consumo, y México un infierno de violencia extrema. Ellos ponen la nariz, los pulmones, la boca y las venas, y aquí se multiplican los muertos por decenas de miles.

La pequeñez de miras de quienes mal gobiernan a México, la ausencia del mínimo asomo autocrítico, el regodeo discursivo de que se está en la estrategia correcta, la imitación extralógica de modelos fracasados (léase: Colombia) y la sumisa aceptación de las directrices de la potencia mundial a cambio del plato de lentejas de una Iniciativa Mérida que en tres años nos "regala" 1300 millones de dólares (siempre en especie y apenas uno por ciento de las reservas internacionales que guarda México, cantidad con la que Washington se cree con el derecho de tener *boinas verdes* activos en territorio mexicano) son algunos de los males que golpean hoy la conciencia nacional. Aun los presuntos "triunfos" de la autoridad resultan espurios, en la medida en que se fabrican culpables, se inflan las estadísticas y se quiere presentar como solución a casos de esta violencia desbordada la captura de unos cuantos capos, sicarios o mandos medios junto a la *inhabilitación* (palabra que usan dependencias oficiales para no hablar francamente de asesinados, de muertos en enfrentamientos o arrestados) de una multitud de supuestos narcotraficantes lumpenizados en extremo.

En este sombrío panorama no es de extrañar que continúen sin ser identificados centenares de cadáveres de individuos que fueron primero torturados y luego liquidados a batazos, con marros, garrotes y otros objetos contundentes; algunos más con disparos, otros estrangulados o decapitados. Mientras tanto, peregrinan igual que almas en pena los cientos de mujeres y hombres vivos que buscan hallar a los suyos entre la multitud de cuerpos acumulados aquí, allá y acullá, en el peor de los desórdenes. Abundan, pues, miles de damnificados por una violencia sin control que hoy siguen inútilmente preguntando, como hace dos, tres o cuatro años, por sus parientes secuestrados sin obtener respuestas de la autoridad.

Ser *levantado* implica —desde el mismo verbo que te arroja al vacío existencial— que nadie exija un rescate a cambio de tu libertad; que múltiples autoridades se nieguen a registrar una denuncia por tu desaparición; que el agente del Ministerio Público alegue que en el código no existe el delito de desaparición forzada de personas, sino solamente la privación ilegal de la libertad o secuestro (y al no haber petición de rescate, dirán que no hay tal secuestro); que nieguen tener a tu familiar en las zonas militares, los separos de la policía, los hospitales, los manicomios, las cárceles, las clínicas de rehabilitación y las morgues, y, por supuesto, que se niegue la presencia de un solo desaparecido dentro de las procuradurías. *Levantón* significa eso: una no existencia real, pero sin muerte confirmada; la no presencia de tu ser, pero con la angustia cotidiana de los tuyos por saber tu paradero; no estar inscrito en algún registro, porque la autoridad te niega incluso ese derecho; la muerte inexorable y lenta de tus familiares, porque no logran obtener indicios de dónde y cómo estás cautivo, y si estás siquiera.

Levantón es un vocablo innoble, ofensivo, grosero, arbitrario, porque discrimina, ignora, desecha de entrada y ayuda a difuminarse aún más al que ya estaba desaparecido. Pero sobre todo oculta el verdadero significado del delito. El *levantón* no existe en ningún código penal conocido y, por tanto, tampoco está clasificado como una acción ilícita. Por ello los periodistas y los medios poco ayudamos cuando nombramos así al secuestro, a la detención y desaparición forzada de personas, a la privación ilegal de la libertad, lo mismo si son cometidos por la autoridad que si ella los consiente, los promueve y nunca los investiga. El término se utiliza deliberadamente en el título de este libro como lo que es: un alias de la desaparición forzada y del secuestro sin que alguien lo reivindique.

Sin forzar artificialmente el argumento, me da mala espina que el gobierno, lejos de desmentir y atemperar el clima de violencia expresado en cifras de *ejecutados* (otro neologismo que significa *asesinados*, pero sin el apellido clave: *extrajudicialmente*), se esfuerce en inflar la cifra de las víctimas. Lo hizo en julio y agosto de 2010, cuando el *ejecutómetro* más alto que pudiera registrar medio alguno, escrito o electrónico (elaborado con seguimiento hemerográfico y los reportes cotidianos de los corresponsales de cada medio), era de 20400 víctimas, la Procuraduría General de la República lanzó una cifra más elevada de homicidios dolosos, una especie de as bajo la manga, cuando dijo a la opinión pública que eran ya 24800. No habían transcurrido dos semanas y otra dependencia del gobierno (sigue siendo oficial aunque ahora parezca entregada a representantes de la iniciativa privada, los encuestadores de GEA-ISA, auxiliares directos en los resultados que empujaban el triunfo de Felipe Calderón en las elecciones de 2006), el Centro Nacional de Investigación y Seguridad Nacional (Cisen), rectificó a la PGR: que no, que no eran 20400 ni 24800 sino 28 mil (un incremento de 7 mil en menos de dos semanas, cifra nada despreciable si se considera que en ninguno de los seis años de gobierno de Vicente Fox ni en los dos primeros de Calderón se había llegado a una cantidad semejante de ejecuciones en un periodo anual).

Esta insólita inflación al alza —única en el mundo cuando un gobierno de pronto se empeña en decir que la violencia es peor de como la conciben los medios y la sociedad— volvió a ser empleada por la autoridad en enero de 2011, pues cuando el *ejecutómetro* más elevado del año que concluía frisaba por debajo de los 13 mil finados (*Excélsior*), apareció el portavoz de Seguridad Nacional, Alejandro Poiré, para decir, sin inmutarse, que habían sido 15273 en todo 2010 y que, sumados los del sexenio, llegaban ya a 34612.

Fuera de la consideración de que es el mismo gobierno el que eleva —sin razón o lógica aparente— la contabilidad, los medios informativos asumieron acríticamente una y otra cifras (agosto de 2010 y enero de 2011) como la nueva base para elaborar cualquier información y análisis, desechando las estadísticas propias. Incluso hubo una solicitud a través del Instituto Federal de Acceso a la Información y Protección de Datos (IFAI), el 21 de febrero de 2011, para que la Procuraduría General de la República entregase información precisa, desglosada, sobre 35 mil mexicanos muertos (era el cálculo entonces) a causa del combate al crimen organizado, según la autoridad. La PGR negó contar con la información, pero el IFAI, en réplica, le exigió a la procuraduría dar a conocer el "número de averiguación previa en cada caso, el estado que guarda, los hechos por los cuales perdieron la vida las personas, los nombres y/o bandas a las que pertenecían los delincuentes que ya fueron sentenciados, así como la sentencia recaída por cada uno de los más de 35 mil fallecidos a la fecha de la presentación de la solicitud", tal como determinó el instituto a propuesta de la comisionada Jacqueline Peschard.

El IFAI argumentó que la propia Presidencia de la República había aceptado ya abiertamente que existe una base de datos de homicidios presuntamente relacionados con la delincuencia organizada, la cual fue presentada por Alejandro Poiré el 12 de enero de 2011. La comisionada Peschard descreyó de la presunta búsqueda exhaustiva que habría hecho la PGR para concluir que la información era "inexistente", pues la simple consulta de boletines y comunicados en el portal de la procuraduría informaba sobre ejecuciones de ciudadanos comunes, delincuentes, autoridades federales y locales: "Resulta evidente que la PGR ha hecho pública información sobre ejecuciones o muertes posibles de imputar a la delincuencia organizada, a pesar de que no se encuentra desagregada".

Casi siempre en automático las dependencias federales niegan que exista información disponible cada vez que la solicitan ciudadanos, periodistas, investigadores e instituciones a través del IFAI. Sólo hasta que se promueven recursos para que se vuelva a hacer una revisión exhaustiva, las autoridades ofrecen alguna información, parcial casi siempre y negando la mayor parte de esos datos con el alegato de la obligación de confidencialidad por tratarse de asuntos de "seguridad nacional", o bajo el argumento de que el asunto continúa en proceso y no pueden aportarse pormenores que podrían echar por tierra las averiguaciones.

No es el caso, sin embargo, de la información sobre los homicidios dolosos que el propio gobierno ofreció *motu proprio* a la opinión pública. Como se dijo arriba, Poiré se esforzó por modificar al alza los *ejecutómetros* de todos los medios de comunicación. Entonces vale preguntarse en cuál de las dependencias oficiales se hace esta contabilidad macabra.

En este punto surge precisamente la sospecha y la advertencia de que en México se esté adoptando el esquema conocido en Vietnam como *body count*, y en Colombia como *falsos positivos*, para elevar los resultados. Es decir, ubicada esta infame práctica en nuestro país, personas ajenas del todo al fenómeno delictivo del narcotráfico estarían siendo victimadas y contabilizadas como "bajas del enemigo".

Aquí no podrían ser presentadas las víctimas como guerrilleros caídos en combate (porque en México no hay un ejército insurgente beligerante, masivo y activo, a semejanza de las Fuerzas Armadas Revolucionarias de Colombia, FARC, o el Ejército de Liberación Nacional, ELN, en el mismo país), pero sí como narcotraficantes, secuestradores, extorsionadores, cobradores de piso, traficantes de personas, tratantes de blancas y todo tipo de practicantes de las diversas formas que adopta la delincuencia organizada, lo mismo si son topados en supuestos enfrentamientos callejeros, si son arrestados y luego aparecen sus cuerpos, o si son liquidados allí mismo en allanamientos y cateos sin orden judicial después de recibir "llamadas anónimas" (sobran alusiones a telefonemas sin origen conocido, como en el caso Jorge Hank Rhon en Tijuana, en el de los presuntos lanzadores de granadas en Morelia, en el contexto previo a la liquidación de Ignacio Coronel en Zapopan y decenas de casos más). Por añadidura, se cuentan ya por cientos las víctimas civiles acribilladas presuntamente por no obedecer la orden de parar en retenes callejeros y carreteros, o presentadas como falsos agresores de soldados o policías.

En la narrativa oficial mexicana, todo muerto "en combate" es delincuente. Todos dispararon antes contra la autoridad. Todos se resistieron o no obedecieron la señal de alto en un retén. Todos iban en compañía de facinerosos, de malandros, y por eso fueron victimados. Todos bebían y convivían con pandilleros en fiestas juveniles. Todos traían armas o dosis diversas de drogas. Todos emboscaron al Ejército o la policía. Todos dispararon desde un vehículo a las fuerzas del orden. Todos son culpables. Y, en principio, los policías federales o militares son inocentes hasta que no se les pruebe lo contrario, de preferencia en el fuero castrense, pero también en un sistema judicial civil que es como un embudo: ancho para la impunidad de los perpetradores y muy estrecho para las víctimas que se aventuran por el camino de la búsqueda de justicia.

Pero en nuestro país no hay autoridad que ofrezca un desglose de las muertes, nombres, circunstancias y culpabilidades presuntas. Son los modernos *falsos positivos* a la mexicana, son la versión corregida, selectiva y aumentada de la política de "seguridad democrática" aplicada en Colombia por Álvaro Uribe y Juan Manuel Santos (su ex ministro de la Defensa, y hoy su relevo en la presidencia) que ahora parece transferida a México. Al menos 11 mil policías mexicanos han sido adiestrados por expertos colombianos. El ex presidente Uribe es hoy asesor oficial en Los Pinos y contratado y pagado por los gobiernos de Chihuahua y Ciudad Juárez. Por su parte, el ingeniero Genaro García Luna (brazo armado y consentido del gobierno de Felipe Calderón) recibió en Colombia la máxima condecoración a un jefe policial de manos del presidente Santos sin haber antes obtenido el permiso del Congreso de la Unión, razón que hubiese sido más que suficiente para que se lo destituyera del cargo de secretario de Seguridad Pública y se lo inhabilitara, según ordena la Constitución.

Todo lo anterior explica, de diversas maneras, que se hayan registrado varios miles de desaparecidos en menos de cuatro años y medio. México está experimentando un retroceso de cuatro décadas en materia de atropello a los derechos humanos más elementales de la población. Y apenas en julio la Suprema Corte de Justicia de la Nación decidió acatar una condena al Estado mexicano por el caso de la detención y desaparición forzada del profesor Rosendo Radilla (en 1974) para determinar que los militares han de ser juzgados ante tribunales ordinarios —y no castrenses, como había venido ocurriendo— cuando las víctimas de su actuación sean civiles.

Los desaparecidos son esa otra catástrofe humana que las cifras oficiales ni siquiera se dignan mencionar. Hay estadísticas oficiales sobre asesinatos (infladas incluso), pero los secuestrados sin destino conocido son otra multitud a la que se le quiere negar desde el poder un rostro, un nombre y un apellido. La Caravana del Consuelo, que convocó el dolor paterno del poeta Javier Sicilia, tuvo la virtud de hacer visible esa tragedia colectiva, de modo que las víctimas aparecieron de carne y hueso frente al presidente Calderón y una parte de su gabinete en el Alcázar del Castillo de Chapultepec. En 2011 se dio el diálogo público que los ciudadanos habían exigido desde 1968. Estaban presentes, sobre todo, familiares de desaparecidos.

¿Cuántos han desaparecido en el país en cuatro años y medio?

- No menos de 3 mil, según información que recopiló el Grupo de Trabajo sobre las Desapariciones Forzadas e Involuntarias que visitó México del 18 al 31 de marzo de 2011, por segunda ocasión en la historia. Significativamente, la ONU no hacía el escrutinio del país sobre este tema desde 1982. Entre la primera y la segunda visitas transcurrieron 29 años.
- Hay 5 397 expedientes por desaparición (personas extraviadas o ausentes) ante la Comisión Nacional de los Derechos Humanos (CNDH), además de 8 898 cuerpos sin identificar, según registra su Sistema de Información Nacional de Personas Extraviadas y Fallecidas no Identificadas (SINPEF), cifras que difundió en abril de 2011.
- Una contabilidad personal que desglosaré en este libro me arroja más de 4 500 *levantados* o desaparecidos.
- Pero nos topamos, dentro y fuera de las dos marchas por la Paz con Justicia y Dignidad, convocadas por Sicilia, con voces que denuncian ya 10 mil desaparecidos en México durante el gobierno de Calderón. Han mencionado esta bárbara cifra el propio Javier Sicilia, su muy cercano compañero de luchas Pietro Ameglio, doña Mercedes Murillo en Sinaloa, Miguel Ángel García Leyva en Baja California y los familiares de las víctimas de desaparición que se reúnen en Saltillo y crearon las Fuerzas Unidas por Nuestros Desaparecidos en Coahuila (FUUNDEC), entre otras varias y respetables voces.

Puesto en perspectiva todo esto, se trataría de casi 20 veces el número de detenidos-desaparecidos durante la llamada "guerra sucia" (entonces llamada así porque los involucrados eran guerrilleros o simples simpatizantes, amigos o familiares de ellos), práctica que hoy se ejerce indiscriminadamente sobre los ciudadanos comunes. Las víctimas pueden ser civiles que simplemente transitaban por una carretera, un camino vecinal o la calle de una ciudad, que estaban en algún bar celebrando, que acudían a una fiesta particular, que manejaban un vehículo que pareció "sospechoso", que estaban en sus casas durmiendo, o en sus empleos o negocios trabajando; estudiantes, vagabundos, niños de la calle, adictos, enfermos; ciudadanos lumpen o de clase media; mendigos, noctámbulos, pero también profesionistas, empleados de clase media, periodistas, defensores de derechos humanos, líderes obreros, campesinos e indígenas. Nadie está exento. Se pueden narrar historias de atropellos contra personas de todos los estratos sociales y de todos los niveles culturales, de cualquier edad, sexo o condición socioeconómica.

La experiencia traumática de los *falsos positivos* en Colombia, que llevó a algunos generales, coroneles y mandos medios militares a ser procesados, y a centenares de familias a luchar para que fueran castigados los perpetradores, es un tema ignorado generalmente en México, donde tal vez podríamos rebautizarlos como "falsos narcos", "falsos delincuentes" o "inocentes en el sepulcro", parodiando el título del libro del colombiano Germán Calderón España *Inocencia en el sepulcro: una historia de "falsos positivos"*. Sobran ejemplos: los 15 jóvenes victimados en Villas de Salvárcar; los estudiantes del Tec de Monterrey; los acribillados sin razón en Santiago de los Caballeros, Sinaloa; las familias baleadas con todo y sus niños en Sinaloa y Tamaulipas; el propio Juan Francisco Sicilia y sus seis acompañantes en Temixco, Morelos; los 11 jóvenes trabajadores que jugaban futbol en Cuernavaca, varios de cuyos cuerpos fueron arrojados del puente de Mezcala, en la Autopista del Sol; los 15 secuestrados por la Marina en junio de 2011 en Nuevo Laredo, y que hasta antes de la publicación de este libro seguían sin aparecer, y tantos otros que pueblan la geografía nacional, todos los cuales fueron criminalizados de inicio, presentados como delincuentes o amigos y cómplices de traficantes.

De ello y más habla este libro, alimentado por múltiples testimonios y escrito desde el dolor de las víctimas.

1

Juárez: rumbo al Estado policiaco militar

Giovanna tiene solamente 15 años, pero la sombra helada de la muerte, con todo y su guadaña de impunidad, ya le cruzó por delante en tres ocasiones durante dos meses. Sin tiempo para el duelo, con un futuro incierto cargado de negros presagios, a Giovanna se le licúan los enormes ojos rodeados por una gruesa línea de *kéhel* cuando conversamos en marzo de 2009. Han transcurrido más de dos años desde entonces, pero cuando miro y escucho otra vez el video con los testimonios que me ofrecieron ella, su hermano Alfonso y Julián, un joven dirigente del Frente Nacional contra la Represión (FNCR) en Ciudad Juárez, parece que todo lo allí conversado hubiera ocurrido ayer. El horror en Juárez no ha cambiado; si acaso varió, fue para peor.

Desglosa Giovanna sus tres tragedias consecutivas apenas entreabriendo los labios, más por el doloroso recuerdo que por la perforación de un *piercing* casi en la comisura izquierda, pronunciando la "ch" como todas las chihuahuenses cuando dicen "Shihuahua":

1. Su amiga Diana Yannete Flores era menor que ella (14 años) cuando apareció tirada en una calle de Ciudad Juárez. Estaba maniatada y tenía los ojos vendados y un alambre de púas alrededor del cuello. Era de día, pero ninguno de los que cruzaban por esa calle intentó ayudarla, porque el miedo atenaza, frena, inhibe cualquier ánimo solidario. Diana Yannete aún agonizaba, según constataron los paramédicos, pero todo el tiempo hubo gente alrededor que nada hizo por salvar a la

moribunda. La ambulancia tardó más de una hora en llegar. Para entonces, Diana se había ahogado en su propia sangre.

2. Dante Gabriel, el hermano de Giovanna, era padrino de bautizo de un niño y estaba en una fiesta infantil. A las cuatro de la tarde, en su propio patio, seis sujetos vestidos de militares le dispararon y murió. Con él hubo dos muertos adicionales. Hora y media después se hizo presente la policía municipal, pero no llegaba el perito forense. Todos estaban a la espera de la autoridad junto a los tres cuerpos cuando regresaron los mismos seis asesinos, a las 18:30 horas. "Que iba a haber más masacre, que a todos se los iba a cargar la chingada", amenazaron mientras mantenían sus armas en ristre, listas para disparar. Y entonces los 18 policías municipales simplemente corrieron, algunos incluso saltaron la barda trasera y dejaron sola a la familia con sus muertos, a merced de los asesinos. Por quién sabe qué milagro los sicarios ya no accionaron los *cuernos de chivo* y se fueron sembrando la noche de amenazas.
3. A finales de 2008, Gustavo, primo de Giovanna, llegó a su casa junto con su esposa. Ella entró en el domicilio y él regresaba a su auto para buscar unos documentos cuando fue baleado afuera de su vivienda por un comando de hombres vestidos de militares, encapuchados, que viajaban en una camioneta verde con negro, al parecer blindada. Le dieron en la cabeza. Las autoridades se llevaron el cuerpo y lo entregaron hasta el día siguiente. Cuenta Alfonso: "Estábamos en el funeral la familia y unos cuantos amigos cuando llegó otra vez el comando armado del día anterior, con trajes azules y verdes, con capuchas, amenazando que no habláramos porque nos pasaría lo mismo".

Ese modo de actuar, con el retorno de los asesinos para amenazar a los testigos y tratar de amarrar así su impunidad, se ha documentado en muchos países donde actúan escuadrones de la muerte, paramilitares o comandos de exterminio. Los comandos que victimaron a Dante Gabriel y a Gustavo no tenían razón lógica aparente para retornar a la escena de su actuar criminal, excepto, claro, si no pertenecían a la llamada delincuencia organizada, sino a la organizada criminalidad oficial, y volvían con el objeto de borrar toda huella de una agresión extrema aparentemente sin sentido.

Julián narra, a su vez, lo que le pasó a su primo Juan Julián Fernández Álvarez, a quien un comando armado secuestró en Ciudad Juárez, en donde ese joven técnico del Instituto Mexicano del Seguro Social en Nuevo Casas Grandes estaba de paso, pues tenía la intención de inscribirse en la Escuela de Radiología para seguir especializándose:

> Mi primo no era narcotraficante ni sicario, no era delincuente. Los hombres armados y encapuchados que se lo llevaron gritaban a voz en cuello que eran de Los Aztecas, como para que la gente se quedara con esa idea. Apareció su cadáver, dos meses después, en eso que los medios llaman *narcofosa*, y con eso nos quieren convencer de que todos los entierros colectivos y clandestinos son de los narcos. Pero según calculó el examen del médico forense, Juan Julián habría estado bajo cautiverio por unos 22 días antes de ser asesinado a puñaladas en el tórax, degollado además y, por si faltara todavía algo para liquidarlo, con una bolsa negra en la cabeza como si lo hubieran asfixiado.
>
> Esto no tiene que ver con el narcotráfico. Los delincuentes no retienen a nadie durante tanto tiempo. Si acaso los torturan y los interrogan, a las horas los asesinan, al día siguiente se deshacen de ellos o máximo en dos o tres días, pero no 22.

Conversamos con estos jóvenes familiares de víctimas exactamente un año después de que el Ejército hubiera invadido Juárez. Los crímenes se dispararon 10 veces entre 2007 y 2008, para llegar a 1 660, según datos oficiales. Ya para 2010 las ejecuciones sumaron 3 400 (se elevaron hasta 20 veces más que en 2007). Es allí, en Juárez, donde falsamente el gobierno quiere convencernos de que ya había amainado la violencia en 2011, al bajar de 11 a 4 homicidios dolosos cada día. Trampa con premeditación, prestidigitación, alevosía y ventaja, según veremos aquí.

Escuché por esos días a un corresponsal del *Houston Chronicle* preguntar cómo era posible que en Juárez se hubiesen dado más de 1 600 asesinatos en 2008, mientras que en El Paso, Texas, sólo cruzando la línea divisoria, hubo exactamente 16. ¿Quiere decir que del lado mexicano están los malos? ¿Que somos violentos en extremo y dirimimos a balazos nuestras diferencias? ¿Que acá están los criminales en abierta confrontación entre sí y contra la autoridad, mientras que en El Paso no ocurre nada tan grave que altere a la sociedad texana? Se lo pregunto a los tres jóvenes, a quienes volví a ver en junio de 2011 cuando la Caravana del Consuelo encabezada por el poeta Javier Sicilia llegó hasta Ciudad Juárez.

Para 2011 unos 3 mil soldados fueron retirados de Ciudad Juárez, pero en realidad solamente se reubicaron en los alrededores, para montar, para vigilar carreteras mientras eran sustituidos por policías federales en la ciudad, uno y otro actuando como "ejércitos de invasión" y desplazando a las policías, admitió Gustavo de la Rosa Hickerson, visitador de la Comisión Estatal de Derechos Humanos. Se lo consulté cuando estábamos parados en el mitin final del 10 de junio, en el monumento a Juárez, porque le había escuchado decir a él en el noticiario de Carmen Aristegui, a propósito de por qué los policías encubrían a Los Zetas y hasta los ayudaban a cometer las masacres en San Fernando, Tamaulipas: "Es que cuando llegan el Ejército y los policías federales los agentes locales quedan sin razón de ser, sin ocupación, y entonces se dedican a delinquir".

Volviendo a la reveladora y descarnada entrevista con Giovanna, Julián y Alfonso (se transmitió completa en Capital 21, el canal de televisión por internet del gobierno de la ciudad de México), Julián mencionó dos nombres en 2009, y fue como lanzar una profecía en la lógica de la represión que se vislumbraba. El joven habló sobre seres de carne y hueso cuyos destinos, dos años después, podrían ilustrar de manera brutal los resultados más nefastos de la incursión militar masiva en Ciudad Juárez: el desmoronamiento de la paz social, la total indefensión de la ciudadanía, la ausencia de seguridad, la imposibilidad misma de sobrevivencia de los defensores de los derechos humanos; la ingobernabilidad, pues.

Lo primero que hicieron los policías federales y las tropas al llegar a Juárez fue revivir viejas órdenes de aprehensión en contra de luchadores sociales, me dijo Julián. Así se persiguió y encarceló a Cipriana Jurado, liberada gracias a la presión de las organizaciones civiles. Así se comenzó también a perseguir a la familia Reyes Salazar. Estábamos conversando más de dos años antes de que Javier Sicilia llegara y se pudiera reunir con Jurado en El Paso ese 11 de junio, el día preciso en que a ella se le concedía formalmente el asilo en Estados Unidos, solicitado después de múltiples amenazas de muerte y presiones insoportables contra su persona. Para entonces los Reyes Salazar ya habían sido diezmados por asesinatos sucesivos y devastados por el dolor, con una carga adicional: se intentó desde el gobierno hacerlos aparecer como vulgares delincuentes y traficantes, y no como defensores de los derechos humanos.

En 2009 fue victimado Julio César Reyes, el primero entre seis de la familia que han sido asesinados. Fueron militares quienes lo liquidaron, acusó desde un principio su madre Josefina Reyes Salazar. Lejos de investigar el caso, la Fiscalía del Norte en Ciudad Juárez y la PGR capturaron a otro de sus hijos, Miguel Ángel, de 26 años, acusándolo de delincuencia organizada junto con José Rodolfo Escajeda, *El Riquín*. Miguel Ángel fue liberado a los pocos días gracias a una huelga de hambre iniciada por su madre Josefina y otros familiares. Se le reaprehendió en noviembre de ese mismo año bajo cargos de narcotráfico. Tras haber participado en foros contra la militarización en el Valle de Juárez, Josefina terminó por fundar el Comité de Derechos Humanos local. Pero aun así ella misma sería victimada el 2 de enero de 2010 dentro del local en donde vendía barbacoa. En agosto de 2010, Rubén, su hermano panadero, fue asesinado también.

El activismo de la familia Reyes Salazar no disminuyó, sino que se incrementó, ahora encabezado por Marisela y Claudia Reyes Salazar, hermanas de Josefina e hijas de doña Sara, la luchona matriarca del clan familiar. Todas ellas se dedicaron a exigir justicia para sus parientes y castigo a los culpables. Claudia y Marisela iniciaron otra huelga de hambre frente a la Fiscalía del Norte en Ciudad Juárez, el 9 de febrero de 2011, pero ahora para denunciar el secuestro de sus hermanos Malena y Elías, junto con Luisa Ornelas Soto, esposa de este último.

Marisela tuvo que ser hospitalizada a causa de las secuelas del ayuno prolongado. Y el colmo: mientras dos hermanos Reyes Salazar y una cuñada estaban secuestrados y sus hermanas en huelga de hambre, tres casas fueron quemadas: la de Marisela, la de su madre y la de Malú García, una compañera solidaria que estaba hombro con hombro con ellas en su lucha. Con todo y protesta y huelga de hambre se trasladaron al Senado de la República en la ciudad de México. Personalidades y organizaciones ofrecieron apoyo, pero nada de ello impidió que los cuerpos sin vida de Malena, Elías y Luisa aparecieran, con huellas de haber sido torturados hasta la agonía, cerca del municipio de Guadalupe.

Hubo más casos, mencionados por los jóvenes en la entrevista videograbada, que abonan en la línea de que múltiples asesinatos, en Juárez, Tamaulipas, Durango, Michoacán, Zacatecas y otras regiones del país no son cometidos por la delincuencia organizada, sino por autoridades y grupos de *limpia* ligados con el poder.

Lo dice Julián con todas sus letras: está el caso de dos personas sacadas de un cuartel militar, gracias a una fotografía que pudo tomar un periodista gráfico, que luego aparecieron *autoquemadas*, como bonzos, en el Valle de Juárez, según la versión oficial. Están los dos hijos del señor Guzmán, *levantados* en su propio domicilio y llevados al campo militar. Allí los soldados nunca quisieron recibir un documento que exigía la presentación de los dos Guzmán, pero cuando se descubrió una *narcofosa* en marzo de 2009 con 10 cadáveres (cuatro de ellos decapitados), fueron oficiales del Ejército los que le hablaron al atribulado padre para que fuera a constatar si entre los cuerpos hallados estaban los de sus hijos. Puesto que había una placa de policía en el entierro clandestino, la culpa se derivó fácilmente hacia los cuerpos de seguridad locales, y a partir de allí tres agentes ministeriales municipales fueron arrestados.

"Hay una vertiente de la criminalidad en Ciudad Juárez que opera desde helicópteros artillados, hummers y uniformes verde olivo", decía un volante del FNCR en esa ciudad fronteriza. Julián explica:

> Lo que vemos en esto de la lucha contra el narcotráfico es que se trata solamente de un pretexto, una especie de plan piloto para instaurar un estado policiaco-militar en el resto del país; hay experiencias viejas y recientes en la historia de América Latina y nosotros estudiamos la historia. Vemos en Ciudad Juárez que 50 por ciento de los ejecutados son los llamados *ninis*, jóvenes y adolescentes que ni estudian ni trabajan, carne de cañón para justificar la guerra. Nosotros no nos tragamos eso de que las víctimas mortales se dan solamente por las guerras entre dos cárteles enemigos, el de Sinaloa y el de Juárez, o entre los traficantes y el gobierno. En nuestra ciudad están ocurriendo crímenes, robos, más de cuatro mil cateos indiscriminados en medio año, aparición de decapitados, calcinados, castrados, como no había ocurrido nunca. Se criminaliza a quienes se oponen a la política de fuerza diciendo que el que protesta tiene financiamiento del narco.

En medio de tanta devastación mortal, al presidente Felipe Calderón, alimentado por las informaciones de su vocero de Seguridad Nacional, Alejandro Poiré, y por su secretario de Gobernación, Francisco Blake Mora, se le ocurrió decir que la tasa de ejecuciones en Ciudad Juárez había descendido drásticamente, un 60 por ciento. Era mayo de 2011 y entonces reporté lo siguiente en un artículo titulado "*Shots* de cifras alegres en medio de una tragedia humana", en la revista *Zócalo*:

> La autocomplaciente publinovela *El equipo*, donde todo son éxitos de una "infalible" policía federal contra la delincuencia organizada (pésimo guión que, por cierto, excluye todo posible logro de soldados y marinos en la guerra que libra la autoridad), es quizás la metáfora más acabada de lo que de sí mismo piensa ante el espejo el gobierno de Felipe Calderón: todo va bien, sólo hay problemas de percepción ciudadana, y la estrategia escogida es la correcta.
>
> Según la administración cuyo relevo se dará en año y medio, bajó en 60 por ciento la violencia asesina en Ciudad Juárez, y la criminalidad en el norte no ataca a los turistas en el sur: "Vi a miles de *spring-*

breakers divirtiéndose en México; tengo entendido que los únicos *shots* que recibieron eran de tequila... y muchos... y nada pasó".

La frívola y desafortunada alegoría presidencial pronunciada en Las Vegas, Nevada, en torno a los disparos (*shots*) de los cuales el barato turismo juvenil gringo está exento en sus bacanales conocidas, se da en medio de la tragedia real de otros extranjeros (centro y sudamericanos, y asiáticos) que no son turistas ni sueñan en alocadas vacaciones, sino en conseguir un trabajo de tercera en Estados Unidos, y de los mexicanos que igualmente aspiran a ganar allá algunos dólares para la sobrevivencia propia y la de sus familias. Unos y otros han sido víctimas de una violencia demencial que los liquida y que confina sus cuerpos en fosas clandestinas. Para muchos de estos migrantes —como describe el macabro resultado de exámenes forenses— los asesinos ni siquiera usaron *shots*, pues los habrían molido a martillazos y con otros objetos contundentes hasta quitarles la vida. De ese tamaño es la tragedia humana.

En la línea argumental de la broma y del mal gusto, Calderón bien pudo haber dicho que los *springbreakers* no conocieron más fosas que las de los clavados en las transparentes albercas en las que gustan de exhibir su desnudez y bailes con amago sexual explícito.

Antes de reunirse con Sylvester Stallone y directivos de Planet Hollywood para hablar de inversiones en la industria cinematográfica mexicana, Calderón volvió al tono bromista para decir a un grupo de migrantes de origen mexicano en Nevada que él nació en Michoacán, "tierra de José María Morelos, *El Buki* y Lázaro Cárdenas", y reiteró que va a seguir empleando a las fuerzas armadas "para limpiar las carreteras", para que no estén en manos de delincuentes, sean "chapos, zetas, equis o yes".

Como lo ha hecho con diplomáticos y con promotores turísticos, el mandatario invitó a los migrantes (que son muy numerosos en Las Vegas) a hablar bien de México, a cambiar "el sentimiento antimexicano" que otra vez atribuyó a los medios de comunicación haber inoculado, al asociar a los paisanos con la pereza, la corrupción y la violencia.

Esto ocurría en Las Vegas el 19 de mayo. Al día siguiente, ya en Ciudad Juárez, el presidente se congratuló de que su estrategia ya hubiera "rendido frutos" hasta hacer descender en 60 por ciento el número de asesinatos dolosos en esa comunidad fronteriza.

Calderón hacía eco de las estadísticas que había manejado allí mismo Alejandro Poiré: cuando en marzo de 2010 comenzó la estrategia "Todos Somos Juárez", después de la matanza de 15 jóvenes en Villas de Salvárcar, a los cuales se quiso presentar en principio como si fueran delincuentes, hubo "picos muy dramáticos" de hasta 30 ejecuciones en un solo día, pero en promedio 11 cotidianas. Ya se redujeron "a cuatro o cinco". La estadística sugiere, diría Calderón, que si se cometían 416 homicidios por mes, "este número bajó el mes pasado a menos de 166". Para lograr este descenso en la criminalidad, según el propio Calderón, "la acción de la policía federal ha sido clave".

Y es que, antes que su jefe, Alejandro Poiré había ensalzado en Juárez a la policía que comanda Genaro García Luna, quien por esas mismas horas era condecorado por el presidente de Colombia, Juan Manuel Santos, con la "Medalla al Mérito Categoría Excepcional". Sólo que el titular de la Secretaría de Seguridad Pública federal fue a Bogotá a recibir honores sin permiso del Congreso, pues de última hora se quiso hacer un trámite de rutina, sin especificar el sitio ni el tipo de condecoración. No se aprobó la solicitud porque no hubo petición del gobierno para que se votara, sino que se mandó a comisiones para que no se abordara el tema "o de plano disfrazarlo", dirían los diputados Alfonso Navarrete Prida y Rosendo Marín. El artículo 37 constitucional castiga con la pérdida de la ciudadanía aceptar o usar condecoraciones extranjeras sin permiso del legislativo.

Expresó Poiré textualmente: "Del 9 de abril de 2010, fecha en que la Policía Federal se desplegó de manera amplia y extraordinaria en apoyo a la seguridad en Ciudad Juárez, hasta el momento las acciones de inteligencia, investigación, operación y de servicio a la ciudadanía de esta corporación federal, en colaboración con la autoridad local, han conseguido resultados muy favorables".

Y soltó la numeralia oficial: de la tasa diaria de 11 homicidios que se registraban en octubre de 2010, para abril de 2011 la tasa "se redujo a sólo 4 en promedio por día". En materia de secuestros, "de 60 casos denunciados ante la Policía Federal, 59 han sido concluidos logrando el aseguramiento de 68 personas y la desarticulación de 10 bandas criminales". En cuanto a extorsiones, casi 87 por ciento de los casos fueron atendidos antes del pago respectivo. Y sobre la costumbre delictiva del "cobro de piso", hubo 73 arrestos de implicados.

Reprodujo así las hipótesis de éxito incontrovertido que se difunden mediante la telenovela que comenzó a transmitirse en mayo, en horario súper estelar, por el Canal de las Estrellas. A Televisa y a la SSP federal los tienen sin cuidado las críticas por disfrazar al *churro* de serie "normal", cuando es abierta y descarada propaganda, con patrocinio multimillonario.

En relación con el programa televisivo, éstas fueron, entre otras, las irregularidades denunciadas por legisladores:

- Se emplearon instalaciones del búnker de la SSP como sets de filmación (se supone que son ámbitos reservados por razones de "seguridad nacional", argumento que se exhibe cada vez que se solicita, por medio del IFAI, alguna información de acciones y gastos en esa dependencia).
- Policías con uniformes y armas de cargo hacen las veces de "extras" en la publinovela.
- Se utilizaron helicópteros propiedad del gobierno (tanto los que regaló Estados Unidos por la Iniciativa Mérida como alguno de los tres Black Hawk que compró García Luna, sin licitación, en 43 millones de dólares que salieron de un fideicomiso sobre el que ninguna autoridad puede ejercer vigilancia alguna).
- Se adiestró a los actores y a los policías para que pudieran cumplir su papel de la manera más apegada posible a la realidad oficial.
- Se han presentado como logros de la PF inclusive decomisos de droga en buques cargueros "en el Pacífico mexicano", en escenas en las cuales no aparece un solo infante de marina.
- Hay enfrentamientos callejeros donde tampoco aparecen, ni por casualidad, tropas del Ejército. Los militares son fuerzas inexistentes, pese a la estadística de unos 60 mil soldados y marinos en la guerra de Calderón contra algo menos de 35 mil agentes federales en total.

Y digo "guerra", vocablo que Calderón ha querido inútilmente excluir del lenguaje de los medios, autodesmintiéndose, porque el presidente se comparó el mes pasado, al decirse incomprendido, nada menos que con Winston Churchill, quien ofreció "sangre, sudor y lágrimas" a sus contemporáneos durante la Segunda Guerra Mundial: "Cuando al igual a Churchill le exigían incluso, y no sólo insinuaban, que lo mejor que podía hacer era ignorar el avance de los nazis, incluso someterse a ellos; cuando le exigían [definir] cuál era precisamente su política o estrategia, Winston Churchill hablaba así a su pueblo y a su Parlamento: 'Ustedes preguntan cuál es nuestra política y estrategia, y yo les digo que es combatir por mar, tierra y aire, con toda nuestra fuerza y con toda la fortaleza que Dios pueda darnos, luchar contra una tiranía monstruosa, nunca rebasada en el catálogo lamentable de los crímenes de la humanidad'".

Al igual que Churchill, Calderón presumió que sólo busca la victoria. Y por ello, quizás, no le importa confundir la realidad con la propaganda. El mismo gobierno que infló las cifras de muertes violentas ya en dos ocasiones (agosto de 2010 y enero de 2011, en una actitud que algunos expertos *sospechosistas* vieron como una manipulación en el presente con miras a bajarlas artificialmente en el futuro) ahora exhibe cifras demasiado tempranas para decirnos que ya descendió la violencia en Juárez. Las muertes, que se multiplicaron 20 veces en tres años (de 160 ejecutados en 2007 a 3300 en 2010), gracias a la llegada del Ejército, ahora se presume que "sólo" podrían llegar a unas 2 mil gracias a la acción de la policía federal.

Por desgracia, es solamente un pronóstico sesgado, precipitado y fallido. El tiempo lo confirmará.

El "botín de guerra" podría ser, en la práctica cotidiana de los militares, el incentivo para actuar arbitrariamente y detener, torturar y hasta liquidar a ciudadanos comunes haciéndolos aparecer como criminales. El FNCR en Ciudad Juárez reportaba 4 mil cateos ilegales en sólo medio año en la urbe fronteriza. Por ello se me hizo muy baja la cifra de 3700 "irrupciones ilegales" de militares, policías federales y locales en domicilios de todo el país desde 2005 hasta los primeros meses de 2011, según Raúl Plascencia Villanueva, presidente de la CNDH en entrevista con el diario *Reforma* el 16 de julio.

¿Quién puede esperar algún resultado de una denuncia contra militares que hubiesen ingresado en su casa? Y eso si el agente del Ministerio Público se digna levantar la queja. Menos puede aguardar a que le devuelvan el dinero, los aparatos eléctricos, las alhajas, los celulares y cualquier otro objeto de valor que haya sido sustraído en la incursión arbitraria. La CNDH preparaba un documento de recomendación general sobre el tema de los cateos ilegales e indiscriminados, los cuales abren la puerta, dijo el ombudsman, a otros delitos como robo ("botín de guerra"), detenciones arbitrarias, torturas y desapariciones forzadas.

Apenas dos semanas y media antes militares habían irrumpido sin orden de cateo en la residencia de la hermana de Plascencia en la colonia Altabrisa, de Tijuana, Baja California. Los soldados se metieron a su casa a las 4 de la tarde mientras estaban ella, su hijo y un amigo. Descaradamente se robaron una alcancía con los ahorros del joven. Supuestamente buscaban a un secuestrado, armas y drogas en esa *casa de seguridad*".

Ya nadie está exento de que tropas o comandos policiales allanen su casa con violencia, golpeen a la familia, roben dinero y objetos de valor, de día o en horas de la madrugada. Le ocurrió al poeta Efraín Bartolomé, a la maestra Patricia Magaña y sus papás en Tlalpan, el 11 de agosto de 2011, y esa misma noche los policías golpearon, torturaron y robaron en cinco casas más, en el Ajusco, en una zona pobre donde había una mujer embarazada, niños y un discapacitado. Le fue peor al joven Óscar Enrique Lucero Jaramillo, en Mexicali. Fue torturado y su cuerpo enterrado en una parcela por cuatro policías que lo sacaron de su domicilio.

2

Fosas clandestinas por doquier

Los más escandalosos cementerios clandestinos de todos los tiempos en México, que suman casi 500 cadáveres, aparecieron a partir de abril de 2011 en Durango y San Fernando, Tamaulipas. En este último municipio ya habían sido hallados, ocho meses antes, 72 cuerpos de indocumentados centro y sudamericanos en una comunidad llamada Huitzilac (paradoja histórica, el mismo nombre del paraje morelense en donde fueron sumariamente ejecutados el general Francisco I. Serrano y 13 acompañantes por órdenes de Plutarco Elías Calles y Álvaro Obregón el 3 de octubre de 1927, por antirreeleccionistas y supuestamente sublevados). Meses antes de una y otra barbaries exhibidas a plena luz en un rancho o emergiendo debajo de la tierra, me tocó hacer un minucioso recuento de entierros clandestinos para el diario *El Financiero*, en junio de 2010. Ya entonces aparecían por todas partes eso que en los medios mencionamos, por comodidad y economía verbal —y también con cierta dosis de irresponsabilidad, hay que admitirlo—, *narcofosas*, vocablo que debo reconocer aquí explícitamente como incorrecto, injusto y obviamente poco respetuoso de las víctimas, aunque se acompañe del adjetivo *presuntas*:

> Podría rebasar el medio centenar el número de víctimas ejecutadas y lanzadas al socavón de una mina de Taxco, en Guerrero, utilizada como presunta *narcofosa* (hasta ayer iban 39 cadáveres recientes rescatados y varios cráneos algo más antiguos). El dato espeluznante de un tiradero enorme de cuerpos, muchos de ellos maniatados, con ojos vendados y

tiro de gracia seguirá abultándose en los números, pero parece no conmover mayormente a la opinión pública. (En efecto, a los pocos días se suspendió la búsqueda cuando llegaron a 55 en total.)

Más grave aún: en el país se multiplica el hallazgo de estos cementerios clandestinos sin que se ahonde en las investigaciones sobre esas muertes violentas.

En solamente cinco meses de este 2010 hubo casi una decena de *narcofosas* ubicadas en Sonora, Campeche, Nuevo León, Guerrero (en Tecpan, además de la mina en Taxco), Chihuahua y Quintana Roo, por lo menos, según se ha podido documentar.

Si nos remontamos un par de años atrás, el número de sitios hallados con inhumaciones clandestinas y colectivas causa vértigo. Están, por ejemplo, las 16 *narcofosas* halladas en enero de 2008 en la colonia La Cuesta y sus inmediaciones en Ciudad Juárez, más los 15 cuerpos ubicados en entierros clandestinos en Uruapan. Ambos casos contaron con ayuda de agentes de la DEA y del FBI para la recuperación de cadáveres y su posible identificación.

Hay acumulación de cadáveres de ejecutados en sitios impensables, como en la presa Ramón Corona, del municipio de Cuencamé, Durango, donde una familia contrató a buzos para buscar a un pequeño que se había caído de una lancha y ellos habrían visto "al menos 40 cuerpos" bajo las aguas, según reveló en abril pasado el ex gobernador de Durango, José Ramírez Gamero, durante una asamblea de líderes de la Confederación de Trabajadores de México (CTM) en la que se denunciaba la desaparición de al menos siete cetemistas.

En Cuencamé hubo por lo menos 60 ciudadanos desaparecidos durante 2009, acusó desde San Antonio, Texas, a donde tuvo que llevarse a más de 10 familiares menores de edad, José Esparza Chaires, cuyos tres hermanos (Pablo Aníbal, José Manuel y Giovanna) fueron llevados por gente vestida de negro y con chalecos y gorras de federales. Dicen otros familiares y vecinos que los han visto a bordo de vehículos, obligados a trabajar para la delincuencia organizada.

He aquí algunos más entre muchos otros macabros hallazgos del 2010:

Sonora

18 de enero. Cinco cadáveres (dos mujeres y tres hombres) fueron ubicados entre Rosario Tesopaco y Esperanza, unos 200 kilómetros al sur de Hermosillo, en Sonora, junto a un campo de tiro, baleados y maniatados.

16 de marzo. Los cuerpos de Rafael Samaniego, *El Lito*, Tiburcio Olivares y dos de sus hijos, Manuel Ángel y Eduardo, aparecieron sepultados en un ejido cercano a Agua Prieta. Los tres últimos habían sido *levantados* el 4 de octubre de 2009.

10 de abril. A espaldas de las colonias CTS-CROC y Colinas del Sol, una *narcofosa* con al menos cuatro cadáveres fue descubierta tras una denuncia anónima, en Nogales.

28 de abril. Se hallan seis cuerpos enterrados clandestinamente en el ejido Agua Zarca, por la carretera que va de Puerto Peñasco a Caborca.

Quintana Roo

4 de mayo. Irene García May, después de días de haber sido abandonada por secuestradores que la creyeron muerta dentro de un cenote en el municipio de Juárez (Región 247), de Cancún, logró salir y avisar a la policía. En el sitio fueron hallados tres cadáveres putrefactos. Ella fue secuestrada el 22 de marzo en el ejido Chiquilá y arrojada al cenote-*narcofosa* semanas después, cuando se le dio por muerta.

Guerrero

7 de enero. Gracias a que una camioneta se atascó en un camino serrano, sus ocupantes vieron con espanto partes de cuerpos humanos asomando de la tierra. Al escarbar hallaron cinco cadáveres, que luego fueron identificados como los hombres que habían sido *levantados* por un comando con uniformes militares el 31 de diciembre de 2009 en Tecpan de Galeana: Adán e Iván Abarca Morales, de 24 y 20 años; Jorge Ramos Radilla, de 27; Víctor Flores Morales, de 32, y Marcos Abarca Lino, de 31. Eran campesinos.

Campeche

29 de marzo. En Ciudad del Carmen, en un baldío de la colonia 23 de julio, seis cadáveres de personas ejecutadas fueron hallados por la policía; tenían el tiro de gracia.

NUEVO LEÓN

6 de febrero. Entre Escobedo y San Pedro, en el ejido Refugio Los Ibarra de la comunidad de El Porvenir, cerca de la carretera Saltillo-Matehuala, soldados de la Séptima Zona Militar ubicaron un sitio en donde presuntamente eran disueltos en tambos con ácido los cuerpos de víctimas de la delincuencia organizada. Había restos humanos quemados, tambos con perforaciones y numerosos impactos de bala y cartuchos. (Cuevas similares fueron ubicadas el año pasado en la Sierra de Arteaga en Santa Catarina, donde sumaban decenas los cuerpos presuntamente disueltos o *pozoleados*, según reportes oficiales, y también en un predio abandonado por Villas de Alcalá en el sureste de Ciudad Juárez se halló siete cadáveres abandonados en la zona desértica de Palomas, Chihuahua.)

CHIHUAHUA

18 de marzo. En medio de las pesquisas sobre el asesinato de tres personas vinculadas con el consulado de Estados Unidos en Ciudad Juárez, aparecieron media docena de cadáveres sepultados cerca del rancho El Vergel, en el desierto de Samalayuca.

El semanario *Zeta*, de Tijuana, publicaba en 2011 que, durante la administración de Felipe Calderón, "han sido localizadas por lo menos 44 *narcofosas* con al menos 640 cadáveres, cifras superiores a sexenios pasados: 7 *narcofosas* fueron descubiertas en la administración de Vicente Fox, con 40 muertos, y 8 *narcocementerios* se descubrieron en el gobierno de Ernesto Zedillo, con un total de 140 difuntos", de acuerdo con Enrique Mendoza Hernández.

Decíamos páginas arriba que la República mexicana se asemeja ya a un queso gruyere. En efecto, durante el gobierno de Felipe Calderón, y hasta antes de febrero de 2011, habrían sido hallados casi 800 cuerpos ejecutados con violencia y luego enterrados en unas 125 fosas clandestinas en 21 estados del territorio nacional, según seguimiento hemerográfico del diario *La Crónica de Hoy*. En esa contabilidad no se incluyen los 24 cadáveres en La Marquesa (septiembre de 2008), ni los 12 policías federales ultimados por La Familia Michoacana en la región de La Huacana ni los 72 indocumentados en San Fernando, Tamaulipas (agosto de 2010), entre otras masacres memorables, porque ellos nunca fueron inhumados sino que aparecían a la vista, a flor de tierra. Si se suman esos viejos hallazgos con los de abril-junio de 2011, se estaría hablando de casi 1 500 asesinatos cometidos con especial dolo, con entierro o sin él.

Se ha vuelto un tema tan común la aparición de cadáveres en *narcofosas*, que mientras el procurador de Michoacán, Jesús Montejano, reportaba 63 paisanos desaparecidos en otras entidades (aparte de los 18 hallados en 2010 en Acapulco, supuestamente confundidos con sicarios de La Familia Michoacana), mientras gente de Ciudad Hidalgo, Tiquicheo y Uruapan iba a preguntarle a este funcionario si sus familiares no estaban en los entierros colectivos de San Fernando, Tamaulipas, justamente aparecieron en abril otros ocho cuerpos tirados junto a la carretera en el municipio de Cojumatlán. Y eso que Michoacán ni siquiera ocupa el primer lugar en aparición de cuerpos en *narcofosas*, pues antes están Tamaulipas, Durango, Guerrero, Chihuahua y Nuevo León.

A estas cifras hay que sumar varios cientos más de ejecutados cuyos cadáveres fueron dejados a orillas de carreteras, arrojados desde puentes (como el de Mezcala, en la autopista del Sol), colgados de pasos a desnivel, envueltos en bolsas de plástico, mutilados, encostalados, encajuelados, apilados, incluso avistados bajo el agua, como los de la presa Ramón Corona.

Hay situaciones inexplicables que impedirán, por añadidura, que tan horrendos crímenes sean investigados, como el hecho de que en San Fernando, Tamaulipas, el sitio mexicano en el que más cadáveres fueron descubiertos, no hay agente del Ministerio Público, como decíamos en páginas anteriores. Por esa razón, Liliana Gutiérrez Martínez ha debido esperar muchos meses para que siquiera se inicie la averiguación por la desaparición de su esposo Arturo y su cuñado Axel, ocurrida en agosto de 2010, coincidiendo con el descubrimiento de la matanza colectiva de migrantes. Ambos fueron *levantados* justamente en San Fernando, como pudo informarle su cuñado Axel desde la cajuela del auto en que ya iba retenido. Liliana presentó la denuncia en Matamoros (en ausencia del agente del MP asesinado). Después el expediente fue devuelto a una secretaria que lo archivó. Arturo y Axel son otro tipo de *ninis*, pues ni existe la posibilidad de una averiguación ni a nadie interesa saber de su paradero, aunque las familias que viven en el DF hayan viajado al menos ocho veces hasta la frontera tamaulipeca sin obtener resultado alguno hasta hoy.

Habría que elaborar, con ayuda de todas las organizaciones defensoras de los derechos humanos, incluyendo los datos oficiales (si los hubiere), y de centenares de familiares tocados por la tragedia, una radiografía del reto que se le presenta al gobierno mexicano a partir de la clasificación de las mal llamadas *narcofosas*, con su espantoso contenido de cadáveres.

Pero muy lejos de esa legítima aspiración y demanda, cuando apenas habían sido reconocidos y entregados a sus familias una docena de cadáveres de los hallados en cementerios clandestinos de San Fernando, el presidente Calderón emitió su veredicto: eran potenciales migrantes mexicanos y quienes los llevaron al matadero fueron policías municipales en vehículos oficiales. Lo dijo, el 20 de mayo de 2011, ante un grupo de migrantes mexicanos en Las Vegas, Nevada. Aprovechó para arremeter en contra de los gobernadores (de oposición, por supuesto) que han evitado la certificación de sus corporaciones policiales: la omisión propicia que las fuerzas de seguridad "solapen a los criminales", como en Tamaulipas. Textualmente expresó, cuando se cumplían cinco semanas desde el descubrimiento de más y más fosas: "Una de las cosas que más me han dolido como presidente es esta masacre contra mexicanos que estaban por migrar a Estados Unidos, en que mataron a casi 200 de ellos en San Fernando, Tamaulipas [la cifra era de 183 ese día, pero siguió subiendo]. Los propios policías municipales los estaban llevando en sus camionetas al matadero. ¡Eso no lo podemos permitir!". Con el lenguaje coloquial que suele emplear aun en temas de la mayor seriedad, Calderón se quejó contra gobernadores que aún "no han pasado por la báscula" ni siquiera a los más altos mandos de sus equipos de seguridad.

Entre más de 80 detenidos por las masacres tamaulipecas descubiertas a través de los entierros clandestinos había al menos 16 policías municipales. Fueron arraigados por la PGR y son apenas la punta de un iceberg. En consonancia con lo dicho por el presidente Calderón, constituyen evidencia irrefutable de que el crimen organizado solamente opera, avanza, crece y toma territorios con la complicidad de agentes, jefes, comandantes y funcionarios. Pero en donde fallan las imputaciones presidenciales es en que no se trata solamente de las alcaldías y sus menguados cuerpos policiales, sino de los tres niveles de gobierno; no son solamente agentes locales, sino también federales, soldados y marinos.

Algunos de estos protectores oficiales del narcotráfico ya tienen nombre: *polizetas*. Han estado presentes y actuantes en muchos sitios del país: desde *halcones* (vigilantes que avisan de cualquier movimiento que afecte a la organización delictiva a la que sirven) hasta grupos de cobertura para facilitar la huida de criminales, escoltas y *muros* (es decir, individuos que cumplen una función de contención para garantizar una acción sin obstáculos, por si llegan curiosos o alguna autoridad); desde torturadores y ejecutores que hacen el trabajo sucio de los narcos hasta policías que secuestran y extorsionan, e incluso ayudan a excavar *narcofosas*. Aunque en ocasiones se los destituye, captura y envía a la cárcel, suelen reproducirse como hongos. Para ejemplificar, aquí mencionaremos exclusivamente a los *polizetas*, porque hay servidores públicos que podrían catalogarse de servidores privados para todos los cárteles conocidos. En un recuento apretado de denuncias públicas, de investigación y arrestos contra *polizetas* en lugares tan disímbolos como Nuevo León, Tamaulipas, Quintana Roo, Hidalgo y Coahuila, entre otros, aparecen estos datos:

- La Secretaría de la Defensa Nacional corroboró que al menos 21 corporaciones de policías municipales en Tamaulipas y Nuevo León filtran información y sirven a Los Zetas y (antes de que se bifurcaran en dos organizaciones no sólo diferentes sino enemigas a muerte) al Cártel del Golfo, según confesión de decenas de detenidos.

- Esta complicidad se ha confirmado en Nuevo León en sitios como Apodaca, General Escobedo, Guadalupe, Monterrey, San Nicolás de los Garza, San Pedro Garza García, Los Ramones, Santa Catarina, China y Ciudad Benito Juárez (sitio este último en donde aparecieron en 2010 al menos 51 cadáveres de individuos tatuados en narcofosas, lo que sugiere acciones de limpieza social por parte de paramilitares).
- En Tamaulipas los *polizetas* operan en Nuevo Laredo, Reynosa, Matamoros, Camargo, Ciudad Río Bravo, Valle Hermoso, Mier, Miguel Alemán y Guerrero, situación tan antigua como que en el sexenio de Vicente Fox todos los policías de Reynosa fueron capturados y consignados por su presunta colusión con los narcos.
- Balacera en Monterrey el 23 de abril de 2010, una docena de *polizetas* fueron detenidos; la mayoría aceptó que recibió pagos por apoyar acciones ilícitas. Afuera de la cantina "Flamingos" se dio una balacera en la que los policías no solamente participaron, sino que protegieron la zona para evitar cualquier investigación. Ellos se sumarían a otros 180 policías despedidos de la alcaldía.
- Policías con uniforme y placa de Seguridad Pública participaron en los narcobloqueos de marzo de 2010 en calles de Monterrey. "Sabemos que hay algunos malos elementos de las corporaciones tanto municipales como estatales, que pueden estar auxiliando a los criminales en estas acciones, y no vacilaremos tampoco en ir en contra de ellos", reconoció entonces el gobernador de Nuevo León, Rodrigo Medina de la Cruz.
- *Polizetas* fueron los asesinos de la familia del marino Melquisedec Angulo Córdova en diciembre de 2009, a los pocos días de que fuera muerto Arturo Beltrán Leyva en Cuernavaca. El crimen ocurrió en Paraíso, Tabasco, y los policías le hicieron el trabajo sucio a Los Zetas, en aquel entonces asociados a los Beltrán.
- En febrero pasado fueron detenidos cinco municipales de Huejutla y Pachuca, Hidalgo, que colaboraban con Los Zetas y les aportaban cartuchos y armas oficiales.

- En enero, en Aguascalientes, cuatro jefes y ocho subordinados de la policía municipal de Pabellón de Arteaga y Rincón de Romos habrían participado en la ejecución del comandante José Luis Marmolejo a fines de 2010. Fueron arraigados por la PGR en el Distrito Federal.
- En Ojuelos, al norte de Jalisco, el comandante Epigmenio Álvarez, detenido con otra docena de jefes y subordinados, confesó ante cámaras de televisión que recibía 160 mil pesos mensuales por cuidar que no fueran detenidos Los Zetas. El procurador jalisciense Tomás Coronado dijo, en la ocasión, que este grupo de policías (la mitad de todos los municipales) participó en el asesinato de Carlos Alberto Raya, director Operativo de la Policía de Zapopan.
- Al ser rescatados en Apodaca, hombres secuestrados narraron que había hasta cien cautivos juntos en un solo jacalón. Les aplicaban el tormento llamado "la momia", consistente en cubrirles toda la cabeza y el rostro con cinta adhesiva y taparles la boca hasta casi provocar la asfixia y muerte. Esto se descubrió en julio de 2010, y patrullas de la policía vigilaban la calle y el lugar para evitar que se descubrieran las actividades ilícitas.
- También hay MP-zetas. El colmo le ocurrió a una mujer que buscaba a su hijo desaparecido junto con más de 40 hombres que intentaban cruzar la frontera procedentes de Querétaro, Hidalgo y San Luis Potosí, y que habían sido *levantados* en marzo y abril de 2010. Cuando llegó a Ciudad Valles, el personal de la agencia del Ministerio Público le aconsejó hablar directamente con Los Zetas, que tenían un retén *volante* en la carretera que va a Tamaulipas. Allí encontró efectivamente a los sicarios, donde la autoridad le informó de manera puntual. Le exigieron 40 mil pesos tras interrogarla durante cuatro horas. La mujer negoció en tres ocasiones con los delincuentes, quienes siempre estaban en su falso retén, pero al final no cumplieron lo prometido, aunque le informaron que habían *levantado* a los migrantes por una deuda del *pollero* Esteban García Pérez.

En Durango ya iban más de 250 cadáveres descubiertos en entierros clandestinos en medio de zonas habitacionales como la colonia Guadalupe, en las cercanías de la Central Camionera, y el fraccionamiento Vicente Suárez, y solamente había sido identificada una persona, Efraín Gamboa Cázares, de 31 años, oriundo de Santiago Papasquiaro, quien murió estrangulado. En este caso el gobierno federal no habla de potenciales migrantes, sino de víctimas de las *vendettas* entre los cárteles dominantes en la región, Los Zetas y el de Sinaloa.

En medio de la vorágine de versiones que no tienen asidero real en investigaciones, en nombres y apellidos de las víctimas, en las circunstancias de cuándo y cómo fueron asesinadas cientos de personas, se coló una información relevante cuando fue detenido por policías federales un ex comandante de policía de Ciudad Juárez, a quien se le atribuyó estar al servicio del Cártel del Pacífico y ser el jefe de los comandos de ejecución. Se trata de Bernabé Monje Silva, apodado *El M-14*, quien durante los 10 años que sirvió a la policía en Juárez recibió entrenamiento en tácticas especiales, técnicas defensivas tipo SWAT y en grupos de elite. A sus 38 años, Monje había tomado ya nueve cursos de profesionalización en temas como trata de personas y derechos humanos, rappel avanzado, intervención y manejo de crisis y negociaciones, y rescate de rehenes. Toda esa sabiduría la habría puesto al servicio de la delincuencia. Al igual que Los Zetas originales, Monje es la prueba viva de lo que hace muchos años me revelaba el investigador Luis Astorga: si en Colombia los grupos de traficantes contrataban a veteranos de las guerras y a mercenarios para que adiestrasen a sus sicarios, en México el gobierno es el que los prepara, los envía a cursos al extranjero, los beca y les paga durante años su formación para que, a mitad del camino, la delincuencia organizada simple y sencillamente los compre.

Engendros del propio Ejército mexicano, a Los Zetas se les atribuye la ejecución de todas las víctimas que han aparecido en las narcofosas de San Fernando, entre las cuales ya apareció un ciudadano estadounidense cuyo nombre no fue revelado, aunque su cuerpo sí fue reclamado por el consulado de Estados Unidos en Matamoros.

También había un guatemalteco, Feliciano Tagual Ovalle, de 44 años. Al calor de las aberrantes matanzas, el gobierno federal decidió aplicar la receta de "más de lo mismo" y desplegar un mayor número de soldados y de policías federales. El Ejército no se retiraría de la abandonada región de San Fernando "hasta someter y castigar a los delincuentes y toda su red de complicidad", diría el secretario de Gobernación Blake Mora, y hasta que la policía local recupere "la capacidad para hacerse cargo" de la seguridad. Al estilo de las viejas fiscalías para los casos Colosio, Posadas, Ruiz Massieu y otros, un equipo especial de la PGR actuaría en "coadyuvancia" para averiguar los orígenes reales de las masacres y recomponer la evidente ingobernabilidad.

El hallazgo de más de 230 cadáveres en un solo municipio tamaulipeco, además de mostrar el horror que vive un México asolado por la violencia extrema, también exhibe la inacción, la desidia y el nulo trabajo de investigación de las autoridades estatales, municipales y federales: tenían datos precisos de que desde hacía por lo menos un año había ya *levantados* y desaparecidos al por mayor.

Ni siquiera ha cambiado el *modus operandi* de los perpetradores: al menos 46 migrantes procedentes de la Sierra Gorda de Querétaro no han aparecido vivos ni muertos desde marzo de 2010. Viajaban precisamente en dos autobuses. En agosto de 2010 fueron hallados 72 indocumentados centroamericanos y brasileños masacrados; no se encontraron gracias a una investigación profunda, sino por denuncias de sobrevivientes de la matanza. Entonces el procurador de justicia de Querétaro, Arsenio Durán Becerra, preguntó oficialmente al de Tamaulipas si entre esas víctimas no estaban los queretanos que iban a cruzar para trabajar en el sur de Estados Unidos. Pidió lo mismo a las autoridades de San Luis Potosí y Nuevo León: tratar de ubicar el paradero de los queretanos, que para entonces cumplían cinco meses de desaparecidos. Los datos eran precisos e incluso se enviaron 47 muestras genéticas de otros tantos familiares de esos misteriosamente esfumados.

Respecto del guatemalteco Tagual Ovalle, por el comunicado de la cancillería de su país supimos aquí que se armó una coordinación internacional para identificar cadáveres en suelo mexicano. Quizá por temor al escándalo fuera de nuestras fronteras, un funcionario se apresuró a decir, respecto de los hallazgos macabros de Tamaulipas: "no son migrantes centroamericanos", como si eso fuera un consuelo.

La revista *Proceso* exhibió en su portada con la cabeza: "En la guerra antinarco... Los muertos sin nombre" (núm. 1811, 17 de julio de 2011). A éstos los llamó "los doblemente asesinados", miles de cadáveres en anfiteatros de 11 estados del país que fatalmente irían a parar a una fosa común o a una escuela de medicina como desconocidos, porque no hubo nadie que los identificara. "Conservadoramente" hay cerca de 10 mil cadáveres en tumbas sin nombre, según seguimiento hemerográfico de la CNDH. En ese reportaje coordinado por Patricia Dávila se cita a Tomás Serrano, director del Programa de Presuntos Desaparecidos de la comisión, quien lamenta el hecho de que casi 300 cadáveres fueran extraídos con excavadoras de las fosas en que habían sido confinados en Durango: "Desde el momento en que una pala mecánica está perforando la tierra y exhumando los cadáveres, mucho material significativo se altera".

Las carencias técnicas, la falta de cupo de los forenses para tantos muertos (en casos extremos se tomó la precaución de rentar camiones y tráileres con frigorífico), la ausencia de protocolos para clasificar los cuerpos antes de enviarlos a una fosa común es lo que priva en todas las entidades visitadas. Alberto Rogelio Ortega, jefe de servicios periciales del Estado de México (en donde se han registrado unas 1 500 inhumaciones en fosas comunes en la última década), refiere que hay pocas personas que acuden a tratar de identificar cadáveres, por lo cual se donan con cierta facilidad a las universidades. "Si nos piden un cuerpo y lo tenemos, se los damos; cuando terminan [de usarlo en clases de anatomía], ellos mismos se encargan de inhumarlo con el visto bueno del Ministerio Público".

3

La Caravana: viejos reclamos, nuevas víctimas

Era más grande que todas las demás, realmente gigantesca la lona plástica impresa con cuatro fotografías de mujeres y la leyenda: "No es justo que se hayan llevado a mi familia: devuélvanmela", que a duras penas cargaban el ingeniero Carlos Castro Gurrola y dos hombres fuertes más, relevándose con otros en el trayecto que cubrió la Caravana por la Paz con Justicia y Dignidad de Ciudad Universitaria al Zócalo del Distrito Federal, que con paradas y discursos, con ofrendas y saludos, duró siete horas. Resultaba imposible no ver el reclamo. Apenas cuatro meses antes la esposa, las dos hijas y una empleada de Castro Gurrola habían sido sacadas de su casa en Xalapa, Veracruz, mientras dormían.

En vez de Reyes Magos, la madrugada de ese 6 de enero de 2011, hombres armados entraron en el domicilio, en la colonia Las Ánimas, para llevarse a Josefina Campillo Carreto y a sus hijas Joanna Montserrat y Carla Verónica Castro. De paso *levantaron* a la empleada Araceli Utrera. Ninguna autoridad federal, estatal o municipal ofrecía, 125 días después, alguna versión de este hecho atroz; nadie había pedido algún rescate ni reivindicado el cuádruple plagio. Cuando conversamos con el ingeniero ese 8 de mayo de 2011, el de la familia Castro era un caso más entre miles de secuestrados en lo que va del sexenio, con víctimas que no están en ningún lado y de cuyo paradero no responde autoridad alguna.

* * *

Al preparatoriano Cristóbal Herrera, de 16 años, ninguna autoridad lo pudo señalar como narcomenudista o sicario (no se lo criminalizó, cosa rara), por la sencilla razón de que fueron nueve los asesinados en un taller mecánico de la colonia Los Pinos, en Culiacán, nos platicaba su madre, Alma Trinidad, mientras estábamos parados bajo los puentes de Río Churubusco y División del Norte, en la ciudad de México. Pero el múltiple asesinato, que hizo víctimas también a catedráticos y otros estudiantes universitarios, fue cometido por el mismo *cuerno de chivo* que, como se confirmó con pruebas de balística, se accionó en decenas de crímenes más. El periodista Martín Durán publicó la historia de "el cuerno asesino" en *Ríodoce*, me dice Alma Trinidad.

* * *

De Julio Alberto Josué López Alonso, joven guerrerense de 27 años, nada se volvió a saber desde el 12 de enero de 2008, después de que fuera a practicar esquí acuático en la presa La Boca, en Santiago, Nuevo León; tampoco de sus tres amigos Óscar Chavana, David Treviño y Leonardo Garza. Los cuatro jóvenes empresarios fueron secuestrados, según testimonios de vecinos, por policías que iban en patrullas. Por eso la autoridad neoleonesa aconsejó a los familiares no seguir investigando: su vida también corría peligro, pues había "una delincuencia muy peligrosa" en la región.

"El gobernador Natividad González Parás nunca nos quiso recibir", dice la madre del guerrerense, Julia Alonso Carbajal. Ella pagó varios miles de pesos al abogado Adolfo Vega, quien laboraba en el despacho de la después asesinada Raquenel Villanueva. El litigante habló por teléfono, después de mucho buscarlo, para decirle a la familia que no podía entrar a un caso tan grave y complicado, pero se quedó con el dinero.

Por una cruel ironía del destino, este cuádruple secuestro, por cuyas víctimas nadie pidió rescate, fue a parar a manos del subprocurador Noé Ramírez Mandujano, quien ese mismo 2008 fue a prisión acusado de estar ligado a la delincuencia organizada, junto con otros funcionarios, en la llamada "Operación Limpieza". "El que llevaba el caso ya no está", fue todo lo que respondió la PGR a doña Julia y su esposo, quienes han viajado una y otra vez al Distrito Federal y a Nuevo León inútilmente en búsqueda de justicia.

* * *

Doña Yolanda Morán no cabe de indignación. Me cuenta el colmo del absurdo y de la burla del subsecretario de Asuntos Jurídicos y derechos Humanos en la Secretaría de Gobernación, Felipe de Jesús Zamora, quien citó a mediados de abril a personas que buscan a sus familiares desaparecidos en la Comarca Lagunera, la zona carbonífera de Coahuila y zonas vecinas. Las recibió cinco minutos para pedirles que "asesoraran", que "aconsejaran" a quienes intentaban identificar como suyo alguno de los más de 120 cadáveres que entonces acababan de llegar al Distrito Federal procedentes de las *narcofosas* de Tamaulipas. "Los quiero felicitar porque son ustedes un grupo bien organizado y que ha demostrado seriedad. Por eso les pedimos esta colaboración". "Sí", le replicó doña Yolanda, "pero creímos que nos iba a dar la audiencia en la PGR; ustedes deben hacer su trabajo, no nos pidan que lo hagamos nosotros; tienen pruebas de nuestro ADN para cotejarlo con las víctimas encontradas en Tamaulipas y Durango. ¿Para eso nos hicieron venir? Nos parece una burla".

Hace dos navidades, su hijo Dan Jeremel fue a recibir a doña Yolanda a la central de autobuses de Torreón. Lo secuestraron. Se supo tres meses después que se lo llevaron militares en activo, porque andaban usando su auto. Enviados a prisión, tres de los mílites fueron ejecutados por un comando que tomó la cárcel de Torreón y de paso liberó a ocho reos peligrosos. Meses más tarde apareció un cuarto oficial del ejército secuestrador: corrió la misma suerte, ejecutado cuando ya estaba en prisión.

Son estos botones de muestra de dolores que no se remedian, sino que van acumulando historia y frustración por la falta de avances en las investigaciones, entre muchos que escuché mientras caminaba con las víctimas durante la Caravana del Silencio que había llegado la noche anterior de Cuernavaca al Distrito Federal. Allí me rencontré con familiares de víctimas a quienes había entrevistado dieciocho, ocho, seis meses antes de la marcha, pero sus casos seguían sin ser resueltos, con mínimos avances que representaban más engaño oficial, porque las autoridades no entreabrían la mínima rendija hacia la esperanza de hallarlos vivos, tal como repiten ellos la consigna de hace décadas: "Vivos los llevaron; vivos los queremos".

El silencio, ya se sabe, convoca muchas voces. Concita el pluralismo, anula estridencias y divergencias, borra distancias en el tiempo y concilia viejos y nuevos reclamos de justicia. Eso me pareció ver en la gran marcha silenciosa por la Paz con Justicia y Dignidad, de Ciudad Universitaria al Zócalo, en mayo de 2011. Durante las siete horas de recorrido, afuera de Bellas Artes, en la Alameda, en los mítines instantáneos frente a la iglesia del Altillo en avenida Universidad, frente a Comunicaciones y Transportes o a la vista de la monumental estatua del general Lázaro Cárdenas en el Eje Central, uno podía toparse también con las justas, continuadas y aún sin resolver exigencias de las señoras del Comité Eureka que buscan a sus hijos (más de 530) desde hace tres, cuatro y más décadas.

Un mes después nos volvimos a encontrar con familiares de víctimas de desaparición en la Caravana del Consuelo, que viajó a través de miles de kilómetros y 12 ciudades desde Cuernavaca hasta Ciudad Juárez, y hasta trasponer la frontera hacia El Paso, donde ahora viven asilados o en espera de refugio activistas de derechos humanos, periodistas, empresarios, ciudadanos desplazados por la violencia. La catarsis de las víctimas unía, otra vez, dolores viejos y angustias recientes. Era tal la acumulación de casos, que resultaba imposible, en las mesas de discusión en la Universidad Autónoma de Ciudad Juárez aquel 10 de junio, concretar acuerdos o mínimos consensos. La mesa de víctimas tuvo que dividirse en dos por la cantidad de participantes. Los familiares querían hablar de su propio sufrimiento, desahogarse y hacer que conocieran su caso todos los demás en detalle, extenderse sobre su experiencia traumática que, a estas alturas, podría ser una historia más (aunque todas son importantes) entre las de miles de familias con algún desaparecido en su seno, según las propias organizaciones civiles. Aporta otra estadística la CNDH: hay 5 393 denuncias por desaparición de ciudadanos en este sexenio y 9 898 cadáveres sin identificar. Los relatores de Naciones Unidas sobre Desaparición Forzada visitaron México y se llevaron un recuento de 3 mil documentadas. Un seguimiento personal de casos en varias entidades del país y entrevistas durante dos años con las víctimas me arroja algo más de 4 500 casos. Pero organizaciones civiles y varios defensores de derechos humanos mencionan que ya se llegó a las 10 mil.

Y es que hay desapariciones colectivas de ciudadanos trabajadores que se mantuvieron calladas durante meses y años, que se guardaron para rumiar ausencias en la intimidad del hogar y tal vez en los refugios de la fe. Ausente de las familias y su vida cotidiana, la cultura de la denuncia ocupa en su lugar un silencio alimentado por falsas promesas de una "investigación a fondo" desde cualquier nivel de autoridad. Eso en el mejor de los casos, cuando no se profieren directamente amenazas de que seguir denunciando o hurgando en lo que pasó puede resultar muy peligroso para los que aún siguen vivos en las familias.

Por la sola virtud de hacer brotar muchos casos ocultos; por propiciar la catarsis de decenas de mujeres, hombres, ancianos y niños; por volver visible el dolor de tantos mexicanos y lograr sentar al diálogo público al presidente de la República y su gabinete —aunque ellos se mantengan montados en su macho sin variar la estrategia guerrera que tantas muertes inocentes ha cobrado—, valió la pena que la caravana cubriera miles de kilómetros.

Allí no estaban todas las víctimas. Algunas han avanzado ejemplarmente en su propia organización para no dispersar esfuerzos. Otras se incorporaron de último momento, incluso al paso mismo de la caravana, y muchas más anunciaron que, aunque no lo hicieron estos primeros días de junio, participarían en la siguiente marcha, ahora hacia el sur, que "también existe" —como dicen Benedetti y Serrat—, porque hay una atención mediática y gubernamental demasiado concentrada en lo que ocurre en las regiones norteñas de la República.

Durante los casi dos años previos a la caravana encabezada por Javier Sicilia pude entrevistar a numerosos grupos de familiares, como los de los 12 vendedores de pintura para fachadas e interiores que colocaban el producto visitando pueblos y pequeñas ciudades, en recorridos de casa en casa, que se conoce como "cambaceo"; salieron de Ecatepec, Estado de México, en dos camionetas, y un comando, al parecer de policías locales de la zona carbonífera de Coahuila, los secuestró hace casi tres años; no han vuelto a aparecer. También me confiaron su testimonio esposas, hermanas, madres, padres y otros parientes de siete policías federales que su jefe, Genaro García Luna, envió para encargarse de la seguridad municipal en Ciudad Hidalgo y Lázaro Cárdenas, Michoacán, desde el 16 de noviembre de 2009. Narraron igualmente su viacrucis el padre, los hermanos y tíos de vendedores de oro y joyería que salieron a vender anillos, aretes, pulseras, dijes, prendedores y cadenitas también de pueblo en pueblo, y a quienes se tragó la tierra tras cruzar un retén en Coahuila, en donde militares y policías habían revisado las mercancías que llevaban, los pedidos y notas de venta, incluso el dinero que habían ya recabado. La madre del ejecutivo Dan Jeremel Fernández Morán, doña Yolanda Morán, me describió cómo cuatro militares que lo secuestraron en diciembre de 2008 fueron arrestados, pero luego liquidados por comandos de encapuchados en la cárcel de Torreón. Doña Guadalupe y don Antonio, papás del joven ingeniero José Antonio Robledo Fernández, desaparecido el 25 de enero de 2009 en Monclova cuando trabajaba para Altos Hornos de México, me reciben amablemente en su casa de la colonia Narvarte y hablan sin cortapisas para un documental en preparación, que quizás aparezca por primera vez en Europa en meses próximos.

A continuación describo aquí tres casos de secuestros-desapariciones masivas que por sí solos involucran a 39 mexicanos de carne y hueso, con nombre y apellido, con procedencias claras y domicilios conocidos, con trabajos dignos y honrados que desempeñaban en el momento mismo de su infame e inexplicada desaparición. Por ninguno de ellos se pidió rescate: son los 10 transportistas de Pochutla, en la costa oaxaqueña, desaparecidos en Matamoros, Tamaulipas; los 10 técnicos contratados por Nextel que viajaron desde Guasave, Sinaloa, para ser secuestrados mientras dormían en Nuevo Laredo, Tamaulipas (la misma ciudad donde en junio de 2011 infantes de marina se llevaron, con el mismo *modus operandi*, a otros 15 ciudadanos, y seguían negando el hecho sin presentar a los detenidos casi un mes después), y los 19 comerciantes de retacería de oro y plata, de Pajacuarán, Michoacán, privados de su libertad en cuatro fechas y acciones diferentes ocurridas en Río Verde, San Luis Potosí, en Atoyac de Álvarez, Guerrero, y en el norte de Veracruz.

1. De Zapotengo, Pochutla, salió el 13 de julio de 2010 un grupo de hombres, casi todos ellos parientes entre sí, alguno representante de la autoridad local. Su propósito: comprar de uno a tres vehículos para apoyar un proyecto ecoturístico en el pueblo, además de motores y refacciones que les hacían falta. El día 14 se comunicaron con sus familias para decir que estaban hospedados en el hotel Málaga, en Matamoros, Tamaulipas. No se supo más de ellos. Diez días después, tras múltiples intentos de comunicarse a alguno de los celulares, una voz de hombre respondió en el de Isauro Rojas Rojas. Dijo que era policía federal, que no lo molestara más, y colgó, según cuenta la esposa de Isauro.

Entre los desaparecidos están Andrés, Juan Carlos y Luis Vizarretea Salinas, el primero de ellos ex diputado local, además de Isauro Rojas, Adelaido Espino Carmona, Antonio Feria Hernández, Nemorio Vizarretea Vinalay (funcionario municipal), Fidel y Gregorio Hernández, y Benito Salinas Robles. Doña Isabel Salinas Ramos es madre de tres de los desaparecidos y tía y prima de otros. Desde entonces siente que la vida se le va. A ella y a los demás familiares les fueron hechas pruebas de ADN desde los primeros días, por orden del procurador estatal Manuel de Jesús López López, quien dijo que ya se habían enviado al Estado de México, pero allí informaron que nada era cierto. Cansados de tanto ir y venir sin obtener avance alguno en las investigaciones de las autoridades de Oaxaca y de Tamaulipas, en febrero de 2011 los familiares y cerca de medio centenar de amigos solidarios marcharon por las principales calles de San Pedro Pochutla.

María Concepción Vizarretea, hermana de los desaparecidos Andrés, Juan Carlos y Luis, dijo no entender por qué el gobernador Gabino Cué, que llegó como una esperanza para la gente, no se coordina con el de Tamaulipas y hace lo que esté a su alcance para dar con el paradero de los 10 hombres. Tampoco se les cumplió el compromiso de enviar a dos agentes del Ministerio Público a Tamaulipas, y ni siquiera habían podido corroborar si algunos de los más de 230 cuerpos hallados en fosas corresponden a los de sus familiares, aunque ellos guardan la esperanza de encontrarlos con vida.

Casi sin excepción, en casos de desaparecidos aparecen versiones sesgadas que alguien filtra a los medios, con lo cual se crean peores confusiones a las familias, sobre todo las que nunca han confrontado problema alguno con la autoridad, ni de orden político ni de carácter estrictamente legal. Así, medios locales publicaron el 25 de mayo que nueve de los pochutlecos estarían en un penal de Morelos y uno más habría aparecido en una *narcofosa* en Tamaulipas. La versión espuria era atribuida a la Subprocuraduría de Investigación Especializada en Delincuencia Organizada (SIEDO), dependencia de la PGR que habría llamado a Soledad Sánchez Santiago, una de las esposas desesperadas por la aparición de los suyos, para darle este dato.

Ella no pudo corroborar la información en la PGR, aun haciendo un costoso y doloroso viaje a Morelos, como tampoco han aparecido datos genéticos de cadáveres hallados que arrojen luz sobre el destino de los 10. En la segunda quincena de julio los familiares se plantaron frente al Palacio de Gobierno de Oaxaca hasta ser recibidos por las autoridades, pero nada saben aún sobre el paradero de los suyos.

2. Nombrar a nuestros muertos y desaparecidos es el primer paso hacia el encuentro con la verdad. "Es un acto subversivo en sí mismo". Esto escuché decir en el templete montado en Villas de Salvárcar, la noche del 9 de junio, sitio al que había llegado en Ciudad Juárez la Caravana del Consuelo. También oí por primera vez el testimonio de doña María Herrera Magdaleno, que me impresionó por brutal y porque jamás había oído hablar del caso, como casi nadie en este país —parte del problema es la invisibilidad de casos gravísimos—, de esa tragedia colectiva que se volcó sobre su familia y otras en Pajacuarán, Michoacán, comunidad que en total acumula la desaparición de 19 comerciantes. Lo insólito del asunto es que todos fueron secuestrados y desaparecidos en cuatro puntos diferentes de su sitio de origen y en cuatro fechas distintas, como si sus captores los hubiesen estado cazando pacientemente.

Una hija de doña María no paraba de llorar cada vez que alguien la abordaba para pedir detalles del múltiple secuestro. Conversé durante horas con ellas y con Yolanda Ochoa, la esposa de uno de los desaparecidos, Carlos Magallón. Muy resumidos, cuento a continuación los pormenores del cuádruple secuestro en grupo.

Pajacuarán está cerca de Jiquilpan, Michoacán, casi en la frontera con Jalisco. Los 19 jóvenes que partieron en busca de pedacería de oro, casa por casa, y algunos de ellos con joyería para vender, en las cuatro ocasiones iban en vehículos y llevaban dinero en efectivo para realizar sus compras, como lo venían haciendo desde hacía años. Lo que ocurre es que antes podían transitar por las carreteras de México sin exponer la vida los agentes viajeros, comerciantes, aboneros, vendedores de ropa, plásticos y diversas baratijas que se trasladaban en destartalados vehículos con bocinas para anunciar sus ofertas. Hoy es un peligro cruzarlas de noche o de día.

El 28 de agosto de 2008 llegaron a un hotel de Atoyac de Álvarez los hermanos Jesús Salvador y Raúl Trujillo Herrera (hijos de doña María); con ellos iban Joel Franco, Rafael Cervantes, Fabio Higareda, Luis Carlos y José Luis Barajas. Los siete están desaparecidos desde hace casi tres años; la vieja camioneta Suburban 1995 en que viajaban apareció quemada en una carretera.

El 29 de septiembre de 2009 salieron también de Pajacuarán rumbo a Cárdenas, San Luis Potosí, David y Carlos Magallón Magallón, junto con Eduardo y José Manuel Cortés Cortés. David le habló a su esposa Sandra Huerta: "Otra vez nos agarró la poli; cualquier cosa estamos en Cárdenas". Pero ya no se volvieron a comunicar.

La historia volvió a repetirse con David Ortega, Alejandro Arriaga, Samuel Díaz Guerrero y su hijo Rafael en Río Verde, San Luis Potosí, el 24 de noviembre de 2009.

Gustavo y Luis Armando Trujillo Herrera, y sus primos Jaime López y Gabriel Melo, iban a Vega de la Torre, en Veracruz. Era 22 de septiembre de 2010; viajaban en un Jetta gris modelo 1999. Gustavo se comunicó con su esposa Elizabeth para decirle que iban a rodear porque se había caído el puente de Papantlilla, Puebla. Después de eso no se volvió a saber de ellos.

Los familiares han ido a los cuatro sitios y hablado con todo tipo de autoridades, sin obtener un solo resultado. Por el contrario, han recibido amenazas; algunos agentes derivaron hacia organizaciones criminales que existen en cada lugar a los parientes de las víctimas. Les iba a costar dinero e incluso la vida si seguían por ese camino que en ocasiones intentaron, pero además con resultados más que inciertos. Algunas pistas específicas que halló Carlos, otro de los hijos de doña María y hermano de los cuatro desaparecidos, se fueron a verificar meses después, cuando ya no había nada que hacer.

Por eso doña María —sin antecedente de militancia alguna en su vida, sin haber hecho público su dolor hasta antes de junio de 2011, sin la mínima confianza en la autoridad— pudo decirle en su cara al presidente Felipe Calderón en el Alcázar del Castillo de Chapultepec:

> He perdido a cuatro hijos en esta guerra que ustedes iniciaron en nuestro nombre, pero que nosotros no aceptamos; mis hijos eran muchachos honestos y trabajadores y fueron desaparecidos, víctimas de su guerra. Existen miles. He platicado con otras personas que tienen familiares desaparecidos. Son historias muy parecidas a la mía. En todas las desapariciones encontramos una constante: grupos criminales, cuerpos de seguridad, gobiernos municipales, estatales y el federal coludidos; procuradurías que se niegan a investigar o que lo hacen lentamente; autoridades que se niegan a aceptar las investigaciones que nuestras familias hacen, muchas veces dejando sus empleos y arriesgando su propia vida.

Los jóvenes Gustavo y Luis Armando Trujillo Herrera llamaron por teléfono a sus familias para informarles que los acababan de parar militares en un retén: "El pretexto era que su automóvil traía placas de Michoacán, su estado y el mío, señor Calderón". En efecto, se ha criminalizado a los michoacanos desde que en esa entidad comenzó la guerra militarizada contra el narco apenas sentado Felipe Calderón en la silla presidencial. Una veintena de michoacanos fueron secuestrados en una sola acción criminal, torturados y asesinados en Acapulco, y sepultados clandestinamente porque el cártel dominante en la plaza los consideró enviados de La Familia Michoacana.

Doña María Herrera, antes de prorrumpir en un llanto que le impedía seguir hablando (ocasión que aprovechó el presidente Calderón para ir a abrazarla a la mitad de un diálogo tan insólito como polémico, pues a muchos satisfizo y a muchos más disgustó, ya que le daba nuevo aire a un presidente sumido en el desprestigio), pudo decirle al primer mandatario: "Mi familia y yo sabemos quiénes son los directamente responsables de los delitos contra mis hijos y cómo encontrarlos. Lo hemos comunicado a diversas autoridades sin recibir la atención que merecemos".

El carrusel de la impunidad gira y gira sin hallar culpables.

3. A los familiares de nueve técnicos que prestaban sus servicios para Nextel en Nuevo Laredo, y que fueron secuestrados del departamento donde dormían en la madrugada del 19 de junio de 2009, no les queda duda alguna de que fueron militares o policías federales quienes se llevaron a los trabajadores de forma violenta, rompiendo las puertas a patadas. Las marcas de las botas estaban perfectamente marcadas en las maderas abatidas, me cuentan.

Y aquí aparece la criminalización de las víctimas en todo su esplendor:

> A los pocos días estábamos 21 familiares en cuatro cuartos del hotel Rosita y, mientras salimos a preguntar a las autoridades si había algún avance en la investigación, entraron uniformados a revisar nuestros equipajes. De las mochilas sacaron hasta las fotos con las que nosotros rezábamos todos los días y poníamos las fotografías de ellos, de los nueve. Llegaron en ocho o nueve patrullas dizque a buscar armas en nuestras habitaciones, pero sólo se llevaron nuestros documentos y nuestras fotos.

Joaquín Camacho Fierro, Amalia Armenta y Gabriela Mejía se atreven finalmente a contar en público su tragedia, en el acto conmemorativo del Comité Eureka por los 32 años de la primera huelga de hambre de madres de desaparecidos políticos frente a la catedral de la ciudad de México. Es agosto de 2010 y ellos admiten que dejaron pasar más de un año convencidos por las autoridades de que era mejor no hablar, no denunciar, morderse los labios y estar callados porque peligraba la vida de sus parientes secuestrados y las de todos ellos que seguían libres, vivos, presentes y no secuestrados. "En la Procuraduría General de la República, cada vez que veníamos a México, ellos nos preguntaban si ya sabíamos quiénes se habían llevado a los nueve. Querían que nosotros les diéramos los datos, pero ellos no aportaban ni uno solo. Siempre nos decían que seguramente fue la delincuencia organizada, pero no investigaban nada", me dicen ante cámaras y micrófonos.

Los nueve secuestrados eran técnicos de Nextel, todos originarios de Guasave, Sinaloa; no eran gente anónima, ni pasaron por un retén ni fueron *levantados* en alguna calle o descampado. Eran expertos calificados que ya habían trabajado para Nextel lo mismo en Tijuana, Nayarit y Sinaloa, lo mismo que en Michoacán y Quintana Roo. Fueron llamados a Nuevo Laredo como contratistas, pese a lo cual la empresa no hizo nada por buscarlos. "Inclusive ni nos han llamado por teléfono", cuentan los familiares. También se llevaron al jefe de todos ellos, el ingeniero Eduardo Toyota Espinoza, quien los subcontrató como en anteriores ocasiones. Además de Toyota, los desaparecidos desde el 19 de junio de 2009 son José Hugo Camacho Fierro, Marcelino Moreno Real, Ricardo y Carlos Peña Mejía, Julio César Ochoa Romo, Víctor Romero Perea, Constantino García Jiménez y Roberto Gutiérrez Mejía.

Los desesperados parientes de estos desaparecidos vieron confirmadas sus sospechas de que elementos oficiales se habían llevado a los suyos cuando, en las oficinas de la PGR, un alto funcionario les preguntó, en el colmo de la franqueza, más preocupado por la reacción de los afectados que por el destino de las víctimas: "¿Y ustedes piensan tomar alguna represalia contra el gobierno?". Cuando el grupo de sinaloenses —madres, padres, esposas, hermanos, primos— insistía en que muchos datos indicaban que el secuestro masivo había sido cometido por elementos de tropa o de policías federales, recibió respuestas como ésta: "Ustedes se equivocan. Así no son las cosas. ¿Tendrían inconveniente en que vayan agentes de nuestra parte a investigarlos a ustedes a Guasave?"

En más de media docena de ocasiones el grupo que busca a los técnicos de Nextel ha debido viajar al Distrito Federal, gastando un dinero que no le sobra, y se ha topado con una barrera de desinformación y con amenazas de que se les investigará a ellos, las víctimas, para ver si no tienen ligas con la delincuencia, si están en situación de riqueza inexplicable, si tienen un modo honesto de vivir. Se les pide demostrar que están limpios de sospecha y, al mismo tiempo, no se les ofrece un milímetro de avance en la investigación para dar con el paradero de sus seres queridos.

> Ellos, con su actitud, nos dan bases para pensar que los secuestró el gobierno. Nos decían siempre: "Si ustedes publican, si van a los medios, el problema será para los muchachos... pero también para ustedes porque detrás está la delincuencia organizada". Sin embargo, no dan una sola prueba, una pista, que confirme esa forma de pensar. Y ya nos cansamos de estar a la vuelta y vuelta. Cuando entraron a nuestros cuartos de hotel, llegaron diciendo que iban a buscar armas, pero se llevaron nuestros documentos y fotografías. ¿Puede uno creer en una autoridad que se comporta así y que, además, nos amenaza?

No me tocó ver a los del caso Nextel en la caravana que encabezaba Javier Sicilia. Lo más probable es que alguno o varios de ellos estuvieran allí, y no hayamos coincidido. Lo que sí sé, porque fue público, es que, aun siendo un secuestro gravísimo, no les tocó hablar frente al presidente Felipe Calderón en el Alcázar del Castillo de Chapultepec. Y es que son infinitamente más las víctimas sin tiempo y espacio para denunciar que esa muestra respetable de apenas algo más de media docena de dolientes que sí lo pudieron hacer en ese acto público, una ocasión histórica de expresar dolor, desesperación, frustración, falta de credibilidad en el gobierno, una oportunidad frente al micrófono y ante las cámaras para exigir justicia, atención real y no burocrática, estudio de expedientes con las consecuentes investigaciones a fondo, y no reiterados pretextos para alimentar la impunidad.

Dos técnicos de la empresa Nokia, los ingenieros Arturo Navarro Hernández y Filiberto Guzmán Morales, fueron privados de su libertad también en Nuevo Laredo, medio año después que los nueve de Nextel, en la noche del 14 al 15 de diciembre de 2009. Hombres encapuchados con uniforme y botas militares se los llevaron, según testigos, en la esquina de Veracruz y Monterrey, cerca de la zona de tolerancia. La PGR nunca quiso tomar el caso porque no era un secuestro, sino un *levantón*, le dijeron las autoridades a los familiares, ya que nadie había pedido un rescate. Sólo se llevaron sus computadoras portátiles, pues los autos quedaron en un estacionamiento cercano al departamento que rentaban. Arturo, de 31 años, ya había ido a trabajar a Monterrey y a Ciudad Victoria por cuenta de la misma empresa. En año y medio no ha habido un solo resultado de las investigaciones, nos dice Rosa Sánchez Casas, con quien Arturo procreó al pequeño Ithiel Navarro Sánchez, de año y medio en el momento de esta desaparición forzada.

El gobierno se fue por el camino fácil de otorgar atención preferencial a quienes hablaron en público y en una transmisión directa que vieron posiblemente millones de ciudadanos, con intención de desactivar los focos rojos evidentes. Quienes hablaron en público se 'hicieron visibles, pero se quedaron olvidados miles de dolientes que seguían siendo anónimos e invisibles aunque hayan logrado levantar denuncias ante agencias del Ministerio Público, discriminados por una justicia que para ellos es paralítica, ciega y muda, ignorados por un poder que sólo actúa a la defensiva.

4

Peligro: Colombia asesora a México

Álvaro Uribe Vélez se apareció de pronto en Ciudad Juárez e impartió cátedra. Uribe dejó de ser presidente de Colombia en agosto de 2010, pero sigue indisolublemente ligado a los destinos de México, primero como consejero en Los Pinos y más recientemente como asesor de los gobiernos de Chihuahua y Ciudad Juárez. Con su "experiencia de éxito" ayudará a aplicar programas "que ayuden a recuperar la seguridad y la tranquilidad" en Chihuahua, tal como ocurrió en Colombia, se regodeaba el gobernador César Duarte Jáquez al recibir al ex mandatario en la urbe fronteriza el 7 de junio. Duarte declaraba en el colmo de la exaltación:

> La penetración de la corrupción, ligada al narcotráfico, parecía un escenario difícil de enfrentar, pero este gran colombiano supo enfrentar esta problemática con valor y salió adelante y pudo recuperar la confianza de su pueblo. Desde mi campaña propuse un eje central: la *seguridad democrática* que tomé del modelo colombiano para que todos los ciudadanos gocen de seguridad, con un sistema de impartición de justicia robusto, con la defensa de los derechos humanos. Álvaro Uribe genera para mí una gran esperanza y le agradezco venir a compartir sus experiencias.

Duarte insistió en que el modelo que puso en práctica Uribe en Colombia es totalmente aplicable en Chihuahua y se basa en ejes como la educación, el trabajo y la *seguridad democrática*. La visita de Uribe es un mensaje de esperanza para Ciudad Juárez, insistió: "Me motivó invitar al presidente Uribe para saber objetivamente los resultados del Colombia que recibió y del Colombia que entregó: es un país en paz en el que [antes] no se podía transitar por los caminos: lo hizo con energía y determinación. Reconstruyó una nueva nación. Colombia es nueva hoy y en todo el país hay bardas y luminarias que dicen: 'Gracias, presidente Uribe'".

Más allá de estos arrebatos de lirismo chabacano y pueblerino, el gobernador Duarte parece ignorar toda la represión institucional y el gran sufrimiento que implicó para los colombianos la política de *seguridad democrática* que tantas alabanzas le inspiraba, a tal grado que hoy el presidente Santos, su sucesor, busca distanciarse de esa línea. En Colombia se abrió una investigación, además, contra 13 congresistas por graves irregularidades en la administración de bienes decomisados a las mafias (*Proceso*, núm. 1808, 26 de junio de 2011), y se propuso y aprobó una Ley de Víctimas que ahora reconoce el conflicto interno en Colombia, el cual fue obsesivamente negado durante ocho años por Uribe.

Nada es casual en política: el ex presidente colombiano estuvo en Juárez y fue públicamente nombrado asesor cuando faltaban 48 horas para que arribara a Ciudad Juárez la Caravana por la Paz con Justicia y Dignidad. Era ésta la tercera señal ominosa contra la protesta pacífica. Tres semanas antes había llegado el presidente Felipe Calderón a presidir, junto con el gobernador Duarte, una parada militar para conmemorar el centenario de la "Toma de Juárez", lo que se vio como un refuerzo a la presencia castrense en las calles. Y el 6 de junio la policía federal allanó el Centro de Derechos Humanos Paso del Norte, presidido por el sacerdote Óscar Enríquez, organización que preparaba la recepción a la caravana que llegaría de Morelos en unas horas más.

Uribe machacó ante funcionarios de gobierno y empresarios sobre los ejes de su pensamiento: en Ciudad Juárez se enfrenta al *narcoterrorismo*, y no hay que nombrar *guerra* al combate contra los grupos criminales; hay que hacer partícipe a la ciudadanía de ese combate, para lo cual hay que crear una coalición ciudadana que vigile y denuncie los delitos. "Podemos tener la policía y el Ejército más grandes, pero si no hay alianza con la ciudadanía no vamos a poder". En este punto el ex presidente presumió los éxitos de su "programa estrella" de delatores: "En Colombia teníamos 4 millones de informantes de las fuerzas armadas sobre hechos delictivos. La idea era quitar fusiles y entregar celulares". Exageró, pues hasta sus más acerbos detractores mencionan uno o dos millones de celulares en esta masiva conversión de ciudadanos en chivatos. Uribe se dio vuelo y fantaseó cuando habló frente a un grupo de estudiantes, a quienes dijo que, al crearse la confianza, "mi teléfono lo tenían miles de colombianos, y me llamaban las 24 horas del día [¡!] los ciudadanos para denunciarme dónde iba a haber una masacre; estaba enterado antes que la policía de lo que iba a ocurrir".

Cinco semanas después el presidente Felipe Calderón se adhería públicamente a esta idea de la delación masiva, la cual pareció replicar cuando propuso ante la Cámara Nacional del Autotransporte de Pasaje y Turismo (Canapat) que los operadores de sus 80 mil unidades reportaran cualquier anomalía en carreteras, cualquier posible escondrijo de delincuentes:

> Ustedes pueden ser nuestros ojos y oídos en las carreteras. Ustedes conocen muy bien dónde están los puntos vulnerables, dónde están las madrigueras de los delincuentes, dónde ponen estos falsos retenes que tanto afectan a los usuarios de las carreteras. Lo podemos hacer porque sus casi 80 mil autobuses que circulan diariamente por el país son para nosotros ojos y oídos que necesitamos precisamente para escalar en lo que más vulnera a la delincuencia, que es información e inteligencia para combatirla.

Al reconocer implícitamente que la autoridad no cuenta con esa "información e inteligencia", Calderón ofreció crear un centro de información en línea para que, a través de los transportistas, el gobierno sepa lo que ocurre en carreteras: "Construyamos, por ejemplo, un centro de información en línea, en vivo, de lo que está ocurriendo en todo el país [...]. Encontremos la manera de que los operadores puedan transmitir de manera segura lo que ven, lo que oyen en las carreteras [como si las instituciones de seguridad no estuviesen infiltradas hasta el tuétano]; que ustedes nos digan los puntos en donde los camiones son afectados". En medio de estos anuncios nada se habló de lo ya ocurrido, de que no haya habido una sola denuncia de los transportistas respecto del secuestro de camiones repletos de pasajeros en Tamaulipas —lo afirmó contundentemente el subsecretario de Seguridad Pública federal, Luis Cárdenas Palomino; lo repitió semanas después el titular de Gobernación, Francisco Blake Mora—, de que la tragedia de cuerpos en fosas clandestinas pudo haberse evitado en la medida en que se hubieran registrado esos avisos.

Pero volvamos a la oficialmente colombianizada Ciudad Juárez. Allí, en medio de un espectáculo en el que se disputaban los más exagerados elogios mutuos, Uribe encomiaba logros que habían descrito momentos antes el fiscal general Carlos Manuel Salas y el titular de Educación local: "No es fácil encontrar un gobierno en el mundo que en ocho meses pueda presentar un avance en Educación y Justicia como el que hoy hemos escuchado de estos primeros meses del gobernador César Duarte. Lo felicitamos de corazón". El fiscal presumía de 500 por ciento de aumento en las detenciones en flagrancia. Se ufanaban las autoridades educativas de que había crecido la matrícula universitaria 31 por ciento en ocho meses, con 8 mil nuevos lugares, y que se habían creado nueve centros nuevos de educación. Los periódicos del día siguiente reflejaban el tono del encuentro: "Clonará Chihuahua el modelo colombiano anticrimen", encabezó un diario. Otro tituló: "Asesora Álvaro Uribe a Chihuahua contra el narco". Uno más: "El ex presidente colombiano, asesor de César Duarte".

Desde un par de años antes, y bajo el lema "Dios y Patria" colocado en su escudo, la Policía Nacional de Colombia reveló, en documentos oficiales, que ya entrenaba desde entonces a policías federales y estatales mexicanos aquí y en el país sudamericano, mientras agentes de las dos naciones acudían a cursos en sedes alternas patrocinadas por la Iniciativa Mérida y el Plan Colombia. Para noviembre de

2009, el entonces embajador colombiano en México, Luis Camilo Osorio, se jactaba de que habían sido capacitados 10 mil policías; la meta era llegar a 30 mil antes de concluir 2010. Osorio exageraba las cifras, o después se prefirió moderar la estadística para evitar críticas o protestas, pero aun así, en julio de 2011, se habló de casi 6 mil policías mexicanos entrenados por los colombianos, cuando se escenificó en el Distrito Federal la V Reunión del Grupo de Alto Nivel sobre Seguridad y Justicia México-Colombia.

Tengo copia de un documento de la Policía Nacional de Colombia, fechado en 2009, el cual aporta algunas conclusiones y recomendaciones después de revisar la estructura orgánica y las capacidades de la nueva Policía Federal Ministerial, como se llamaría en adelante la vieja Agencia Federal de Investigación (AFI). Ese texto no se anda por las ramas ni exhibe condescendencias diplomáticas: entre sus principales recomendaciones, sugería de entrada "la revisión de un incremento salarial significativo [para los policías federales], como mecanismo de motivación personal".

Suele ocurrir en países con instituciones que actúan en la coyuntura (Colombia y México son ejemplos claros de ello), que ponen todo tipo de trabas burocráticas para continuar los planes de funcionarios cuando son súbitamente relevados de sus cargos. Las instituciones suelen estar invadidas por la corrupción y fácilmente extravían en el camino la continuidad de los programas, de modo que las metas originales pueden quedarse inacabadas a mitad del camino. Empero, eso no parece ser el caso de la asesoría colombiana, la cual está asesorada, cobijada, estrictamente vigilada por Washington, pues aunque el procurador mexicano ya no es Arturo Chávez Chávez, ni es director de la nueva Policía Federal Ministerial el almirante Wilfrido Robledo Madrid (renunció o se le despidió en cuanto fue nombrada Marisela Morales Ibáñez titular de la PGR), la huella de Colombia estaba entonces y persiste y se acrecienta en México: en los cursos y adiestramiento de policías y militares, en los métodos de combate a la criminalidad, en la presentación de éxitos del combate antinarcóticos, en la réplica de las desapariciones forzadas que se multiplican por miles en México, en la aparición de fosas clandestinas con cuerpos cuyo origen y circunstancias de muerte son inciertos aquí y allá.

El diagnóstico de la Policía Nacional de Colombia sobre la antigua AFI critica el hecho de que se haya operado o permitido una reducción significativa de personal en la Dirección General de Investigación Policial, que pasó de más de un millar de efectivos a sólo 215. Habría que remediar cuanto antes esa debilidad si se deseaba tener incidencia en el combate al delito. El documento apuntaba en 2009 hacia otras deficiencias notables de la que se consideró "policía de primer mundo":

- déficit de vehículos e instrumentos técnicos,
- carencia de salas para interceptación [*sic*] telefónica,
- debilitamiento ostensible de la capacidad investigativa,
- incremento de cargas laborales,
- duplicidad de funciones frente a casos investigativos asignados por el Ministerio Público y
- pérdida de efectividad y credibilidad frente a la opinión pública y organismos estatales.

Los colombianos se dieron cuenta de cómo se había estado desmantelando en México, en la práctica, a una Agencia Federal de Investigación con apenas 10 años de vida. Lo paradójico es que el principal operador de esta baja forzada en el perfil y las capacidades de la AFI fue nada menos que su fundador y primer director: el ahora secretario de Seguridad Pública federal, Genaro García Luna.

Tal vez la secretaria de Estado, Hillary Clinton, tenía razón, finalmente, y ahora México sí se estaría colombianizando, comentábamos a propósito de la multiplicación de los cursos y de los instructores que primero llegaron desde Colombia y luego ofrecían formación en aquel país para los agentes mexicanos. Más allá del debate sobre si la Iniciativa Mérida es copia fiel del Plan Colombia (también patrocinado por Estados Unidos), los presidentes Calderón y Uribe dieron sobradas muestras durante años de que su intención era acercar, de manera sin precedente, sus políticas antinarco, antisecuestros y antiterrorismo. En la práctica, expertos colombianos entrenaban ya a policías mexicanos desde al menos dos años antes de que Uribe dejara la presidencia de su país. Lo hacían en el combate al narcotráfico, en materia de secuestros y para frenar la trata de personas. Los dos gobiernos han establecido bases de coordinación contra el lavado de dinero, intercambio de información de inteligencia, fortalecimiento institucional y acciones para abatir la demanda y consumo interno de drogas, anunciaba orgulloso el embajador colombiano.

También en 2009 se dio a conocer que expertos de Estados Unidos, Colombia, Francia, España e Israel capacitarían a 300 federales para convertirlos en mandos. Esto se haría con especial atención a labores de inteligencia; después de la capacitación habrían de ser sometidos a exámenes de confianza "para evitar posibles vínculos con el crimen". Detrás de ellos vendrían unos 9 mil universitarios que calculaba contratar la Secretaría de Seguridad Pública federal, según se dijo entonces. He allí la explicación de por qué el presidente Calderón y sus alfiles en seguridad han hecho invitaciones en los planteles para que se incorporen universitarios a las policías, asunto que provocó la petición del rector de la UNAM, José Narro, de que se les ofrecieran empleos más dignos. En la misma tesitura, el diario *USA Today* mencionó que los gobiernos de México y Estados Unidos negociaban la contratación de 300 ex agentes del FBI para capacitar a unos 9 mil policías mexicanos.

Esto, finalmente, viene a ser como un camino opuesto al que emprendieron Los Zetas, militares de elite que fueron cooptados y contratados por el Cártel del Golfo (y que ahora se han convertido en cártel autónomo). Durante años se multiplicaron, pues se dedicaron a entrenar a cientos de sicarios; pero hasta la fecha siguen promoviendo la deserción de tropas y oficiales para incorporarlos a sus filas, me comenta el colega periodista Juan Veledíaz, autor, entre otros libros, de *El general sin memoria* (Debate, 2010), quien se ha convertido en un verdadero experto en temas castrenses.

En el curso de una visita de Felipe Calderón a Colombia, en agosto de 2009, el presidente Álvaro Uribe dijo entonces que los dos países son golpeados por el narcotráfico y habían decidido luchar de manera conjunta y mediante una alianza contra ese flagelo: "Hemos acordado fortalecer toda nuestra lucha conjunta por el rescate pleno de la seguridad, por la derrota del narcotráfico y la derrota del terrorismo que el narcotráfico engendra para mantenerse".

Un primer acuerdo facilitó el adiestramiento de 450 agentes mexicanos, pero se preveía el entrenamiento de miles más. "Nuestra policía tendrá el honor de entrenar en muchas técnicas y conceptos de lucha contra las drogas a 11 mil integrantes de la policía mexicana", insistió entonces Uribe. Había una ruta crítica perfectamente trazada: las enseñanzas de colombianos a mexicanos se iniciaron en octubre y noviembre de 2009 en materia de criminalística, balística forense, perfiles genéticos, análisis de voz, dactiloscopia y otras especialidades forenses.

En febrero de 2010 vendría un curso para adiestrar a mexicanos en el sistema penal oral acusatorio. Según el proyecto académico en mis manos, en abril y mayo incursionarían en temas de lavado de activos y extinción de dominio; en junio se hablaría de investigación de estupefacientes y control de tráfico de armas, municiones y explosivos. Ya para cerrar con broche de oro la capacitación, habría, entre 2010 y 2011, talleres y seminarios antisecuestros y de inteligencia policial. El documento de la Policía Nacional de Colombia incluía un nuevo organigrama para la Policía Federal Ministerial y sugería revisar la estructura orgánica y las capacidades de la antigua AFI, perteneciente a la PGR, para convertirla en "líder en investigación criminal".

Exactamente un año después, en febrero de 2011, *The Washington Post* difundía una cifra algo menos abultada de mexicanos "entrenados en diversas estrategias para enfrentar a los violentos cárteles de la droga", pero que incluía a militares junto con los policías. La diferencia radica en que los primeros cursos teóricos y algunos prácticos se impartieron en México, y al inicio de 2011 se confirmaba la presencia de mexicanos entrenados en la región central de Colombia, en Cundinamarca, precisamente donde fuera descubierta en 2008 la criminal práctica de *falsos positivos* como un negocio de mandos del Ejército. Retomada por el corresponsal de *El Tiempo* de Bogotá en la capital de Estados Unidos, Sergio Gómez Maseri, la información de *The Washington Post* señalaba que Colombia "intenta así posicionarse como un país vital para solucionar problemas en el hemisferio".

La conclusión es que Colombia, apoyada con 800 mil dólares de inicio entregados por Estados Unidos, entrena a los mexicanos y, aunque en principio el adiestramiento se plancó para hacerse en territorio de ambos países, al agravarse las condiciones de violencia en México por la agresividad de los cárteles, se trasladaron los trabajos, los cursos y el personal a Cajicá, Cundinamarca, en donde los civiles y soldados mexicanos "aprenden desde manejo de explosivos hasta técnicas de combate y asalto". Según el *Post*, Colombia asume el nuevo rol que le asignó Washington como país "exportador de experiencia" en la lucha contra el narcotráfico. "El entrenamiento es tan riguroso que uno de los mexicanos que viajó a Colombia perdió 30 libras [unos 15 kilogramos] en cuatro meses que duraron las sesiones".

Hay una razón para que Estados Unidos recurra a los colombianos y triangule las ayudas y la asesoría policiaco-militar al gobierno de Felipe Calderón: evitar que se oponga al programa "el nacionalismo que existe en México contra los yanquis; nadie imagina a soldados de Estados Unidos en territorio mexicano, pero si son colombianos, ya no importa", según el *Post*. El reportaje afirma que, después de varias décadas de lucha contra guerrillas y narcos, y con casi 9 mil millones de dólares de ayuda estadounidense en años recientes, Colombia ha desarrollado capacidades únicas en el mundo: "Sencillamente tienen experiencias en cosas que los otros no, como manejar secuestros, explosivos y derrotar a los cárteles", en opinión del ex embajador de Estados Unidos en Bogotá, William Brownfield. El propio presidente Juan Manuel Santos dijo a *The Washington Post* que México está ahora donde estaba Colombia hace algunos años: una repetición, en 2011, de la tesis que Hillary Clinton había expresado a mediados de 2010.

No sólo se entrena a los agentes mexicanos en técnicas de combate, sino a sus peritos en recolección de evidencia y experiencias forenses, mientras que a sus jueces, funcionarios judiciales y expertos jurídicos se los actualiza en las leyes de extinción de dominio de bienes del narco. Juan Forero, del servicio extranjero de *The Washington Post*, suscribe el reportaje en el que detalla que los instructores colombianos son "acompañados por investigadores y fiscales de Estados Unidos y Canadá" en los cursos a los mexicanos. En cuanto al entrenamiento de cuatro meses en Cajica, "en las frías montañas del centro de Colombia", allí los efectivos aprenden operaciones en la selva, salto desde helicópteros, desactivación de bombas y ataque a bastiones urbanos de la delincuencia.

Cuando retomó la nota, el diario mexicano *La Jornada* escribió:

> El diario [estadounidense] recoge declaraciones de dos policías mexicanos participantes, César Mejía y Carlos Nieves. En la selva colombiana, dice Nieves, comandos colombianos les enseñan que el creciente poder de fuego de los cárteles mexicanos se debe combatir con más poder de fuego. Al terminar la práctica, consistente en atacar un "puesto rebelde fuertemente resguardado", se exigió a los mexicanos realizar una larga marcha llevando a cuestas mochilas de 25 kilos y arrastrarse por el lodo casi 100 metros.
>
> El periódico apunta que la participación del país sudamericano permite al gobierno de Barack Obama contribuir a que México mejore sus fuerzas de seguridad sin una presencia sustancial de la policía o de las fuerzas armadas de Estados Unidos al sur de su frontera. "Los militares estadounidenses pueden hacer mucho más por conducto de los colombianos de lo que, en términos políticos, podrían realizar directamente", consideró Roderic Ai Camp, experto en fuerzas armadas mexicanas citado por el *Post*.

Al mes siguiente de publicado este reportaje murió el piloto de la Fuerza Aérea Mexicana Dante Herrera Alarcón, quien recibía entrenamiento como parte de un grupo de seis pilotos aviadores becados para el "Curso de Entrenamiento Inicial de Ala Rotativa", que duraría del 15 de agosto de 2010 al 6 de mayo de 2011 en Colombia. Cerca de la base aérea militar de Melgar, departamento de Tolima, el helicóptero UH-IH en el que viajaba Herrera rozó con su rotor a otra aeronave, y ambas cayeron a tierra. En el otro helicóptero viajaba el teniente de la Fuerza Aérea Mexicana Hugo Estrada López, quien resultó severamente herido.

No todo es miel sobre hojuelas en este concubinato mexicano-colombiano apadrinado por Washington. Hay indicios ciertos de que funcionarios del gobierno de Calderón le toman el pelo a sus asesores, protectores y directores de escena estadounidenses: hubo una denuncia del abogado Ricardo del Río Trejo publicada en el número 1810 de la revista *Proceso* (10 de julio de 2011) bajo el título "La modernización de la Policía Federal, una falacia más de García Luna", en la cual se aseguraba que el secretario había montado desde 2009 un simulacro, una vulgar simulación, para justificar la supuesta capacitación de nuevos agentes y jefes con dinero extranjero y local. La estratagema consistía en utilizar recursos federales y de la Iniciativa Mérida, fingir que se preparan nuevos cuadros para finalmente colocar solamente a viejos policías e incondicionales del hombre de todas las confianzas del presidente Calderón, excluyendo a quienes incluso hubieran pasado las pruebas.

Lo que interesa para el tema que abordamos en este capítulo es que Del Río fue contactado para participar en un curso de donde saldrían los 32 coordinadores estatales de la Policía Federal, y que parte del curso se desarrolló entre septiembre y octubre de 2009 en la Dirección de Escuelas de la Policía Nacional de Colombia. Al retornar de Bogotá, a varios de quienes tomaron el curso les comunicó García Luna que ya no continuarían "porque no acreditaron el examen del FBI". Se organizó otro curso en la Universidad Justo Sierra del DF con instructores de la embajada de Estados Unidos en México, donde se promovió un nuevo curso de adiestramiento en las instalaciones del propio FBI, en Quantico, Virginia (al que ya no se permitió ir a Del Río, aunque ya tenía su boleto de avión). Los exámenes del polígrafo ("detector de mentiras") se aplicaban a los aspirantes a nuevos jefes de la Policía Federal —a quienes se garantizaba un sueldo de más de 100 mil pesos una vez pagados impuestos— en suites del hotel María Isabel Sheraton, en presencia y con asesoría de agentes del FBI. La dependencia de Estados Unidos y de Colombia y la sumisión de México a las decisiones de agentes extranjeros no podía ser más evidente.

Los datos que Del Río Trejo (panista, ex regidor y ex secretario del ayuntamiento de Querétaro, ex contralor del gobernador Francisco Garrido) aportó en su denuncia de "la falacia" y el montaje (como simple mampara distractiva de que se prepararía a nuevos elementos sólo con el fin de consolidar todo un aparato de incondicionales y antiguos mandos mañosos en la Policía Federal, pero ahora con "aval" internacional; "se simula la capacitación con la renuncia coaccionada, forzada", escribió textualmente Del Río) me recordaron que Genaro García Luna había seguido un esquema idéntico para deshacerse de mandos de la Policía Federal en varios estados (los que no le eran incondicionales) un 10 de mayo de 2007, cuando los llamó a todos a un curso en la capital del país y el Estado de México. Aprovechó entonces para aplicarles sorpresivamente el polígrafo en el hotel Marquis, también en Paseo de la Reforma, asesorado por personal de la embajada estadounidense que daba órdenes en inglés, a fin de tener pretexto para destituirlos de sus cargos, según me detallaron en largas conversaciones en un restaurante de la avenida Álvaro Obregón los mandos desplazados en aquella ocasión.

5

Body count y *falsos positivos*

Para nada es menospreciable este involucramiento masivo de policías, soldados, jueces, peritos y agentes del Ministerio Público mexicanos en el esquema colombiano de combate contra el tráfico de drogas y los cárteles, a instancias de Washington, mediante promoción explícita y con el generoso financiamiento de ese gobierno. Todos ellos han sido sometidos, por consiguiente, a un intensivo adoctrinamiento por parte de fuerzas armadas que fueron acusadas de cometer miles de desapariciones forzadas y ejecuciones extrajudiciales de civiles para alimentar el supuesto "éxito" de una guerra que ni siquiera quiso reconocer como tal el ex presidente Álvaro Uribe en los ocho años que estuvo en el poder, pero que ahora su sucesor Juan Manuel Santos no tuvo empacho en llamar "conflicto interno", al igual que lo hizo el Senado colombiano, al aprobar en mayo en su pleno una Ley de Víctimas.

Felipe Calderón, seguramente asesorado entre otros por Uribe, se arrepintió demasiado tarde de haber nombrado *guerra* a su embestida contra el narcotráfico y la delincuencia organizada en México, y ahora quiere que se sustituya el vocablo por otros eufemismos como *combate*, *lucha*, *batalla* o *embate*.

Misiones enviadas por la ONU confirmaron, en varias visitas a Colombia, la práctica que se dio en llamar los *falsos positivos*, consistente en capturar a ciudadanos comunes, asesinarlos a sangre fría y presentarlos después falsamente como guerrilleros, pero también como colaboradores de los subversivos, de los traficantes de drogas o de los paramilitares. Todo ello se hizo en nombre de estímulos económicos, ascensos militares y otras prestaciones que el gobierno de Uribe oficializó mediante el Decreto 1400 (del 25 de mayo de 2006), y ante la Directiva Ministerial 29 (firmada por el ministro de Defensa Camilo Ospina el 17 de noviembre de 2005), y también para inflar cifras de enemigos caídos como comprobación del éxito gubernamental. Philip Alston, relator especial de Naciones Unidas para las Ejecuciones Extrajudiciales describió el procedimiento en su informe después de estar en Colombia en junio de 2009:

> Miembros del Ejército matan al individuo. Luego se manipula el lugar de los hechos para que parezca que la persona fue dada de baja legítimamente en el fragor de un combate. A menudo se hace una fotografía en la que sale vistiendo uniforme de guerrillero con un arma o granada en la mano. Las víctimas suelen ser enterradas de manera anónima en fosas comunes, y los asesinos son premiados por los resultados conseguidos en la guerra contra la guerrilla [...]. Miembros de la fuerza de seguridad en Colombia perpetraron un número significativo de ejecuciones extrajudiciales en un patrón que se fue repitiendo a lo largo del país.

Ese "patrón" de asesinatos cobró unas 2 mil víctimas, según algunas organizaciones internacionales; otras ubican 3 mil, y algunas 4 mil. Mientras Uribe imponía su política de *seguridad democrática*, remedo de la lucha antiterrorista de Estados Unidos en el mundo, en la práctica borraba toda distinción entre combatientes y no combatientes. "La población civil queda reducida a la condición de rehén entre las diversas fuerzas beligerantes", concluía el Grupo de Trabajo sobre Desapariciones Forzadas e Involuntarias de la ONU que visitó Colombia en 2006. La Coordinación Colombia-Europa-Estados Unidos, en su informe final sobre la Misión Internacional de Observación sobre Ejecuciones Extrajudiciales e Impunidad en Colombia, escribió en 2008: "A partir de los testimonios recogidos en desarrollo de la misión se identifica como un patrón de ocurrencia de las ejecuciones extrajudiciales la simulación de muertes en combate por parte de la fuerza pública, a través de la modificación de la escena del crimen, la manipulación de los elementos probatorios y la intimidación en contra de testigos y familiares".

En numerosos casos de ejecuciones extrajudiciales,

> [...] las unidades militares son acompañadas por "civiles" encapuchados, quienes son los encargados de señalar a las víctimas que posteriormente serán asesinadas por la fuerza pública; los soldados han manifestado que se les otorga una remuneración económica por cada muerto que presenten como "guerrillero dado de baja en combate", por lo que simulan combates y manipulan la escena del crimen vistiendo a los civiles con uniformes de uso privativo de las fuerzas militares.

Algo muy similar está ocurriendo en México, en donde se nombra "daños colaterales" a las muertes violentas de civiles, en busca de que la opinión pública crea que todos fueron víctimas de la delincuencia organizada, como si no hubiera responsabilidad oficial confirmada de las fuerzas militares, marinos y todo tipo de policías en un buen porcentaje de esa masacre de ciudadanos. Las quejas contra el Ejército crecieron más de mil por ciento en cuatro años. Por su parte, la Marina, con año y medio de haber sido escogida por el gobierno de Estados Unidos como su más válido interlocutor y ejecutor, fue acusada en junio de 2011 de secuestrar a por lo menos 15 ciudadanos en Nuevo Laredo, quienes fueron sacados de sus casas y llevados con rumbo desconocido. Seguían sin aparecer un mes después, y la dependencia negaba haber realizado esas aprehensiones ilegales, sin orden de cateo.

Aquí surge una explicación de por qué al gobierno federal le interesó, hasta en tres ocasiones perfectamente documentables (julio y agosto de 2010, y enero de 2011), elevar artificialmente la contabilidad de las muertes con violencia en México. Las cifras de 24 800, luego 28 mil y finalmente de 34 612 fueron exhibidas sucesiva y respectivamente por la PGR, el Cisen y Alejandro Poiré. Como ya vimos, en los tres casos las dependencias ofrecieron datos que superan con mucho el total de víctimas mortales que registraban mediante seguimiento hemerográfico y con datos de las dependencias encargadas de la seguridad los más acuciosos medios de comunicación.

Aparece así el gobierno mexicano como el único en el mundo que, en vez de desmentir las crecidas estadísticas exhibidas por diarios, revistas, radio y televisión, de plano se ha empeñado en desacreditarlas para colocar en el centro de la crispación nacional su propia contabilidad abultada. Esto lo expuse durante una reunión con más de medio centenar de periodistas y organizaciones civiles en Casa Lamm, en ocasión de la visita de los relatores de Libertad de Expresión de Naciones Unidas, el guatemalteco Frank La Rue, y de la Comisión Interamericana de Derechos Humanos, la colombiana Catalina Botero, en agosto de 2010.

Idéntica preocupación fue expresada ante la Alta Comisionada de Naciones Unidas para los Derechos Humanos, Navy Pillay, cuando visitó México en julio de 2011. Se invita a trazar el paralelismo mexicano con Colombia al leer el informe "Soacha: la punta del iceberg. *Falsos positivos* e impunidad", publicado por la Fundación para la Educación y el Desarrollo (Fedes), que habla de los jóvenes de escasos recursos, algunos incluso enfermos, otros adictos y varios con retraso mental, que fueron secuestrados y luego ejecutados extrajudicialmente a casi 800 kilómetros de distancia —"ejecuciones flagrantes y obscenas"—, todo dentro de una maquinaria criminal militar que habría producido en los últimos años de Uribe miles de ejecuciones sumarias y extrajudiciales.

En su página 19, el informe analiza cómo las cifras oficiales muchas veces no checan con la realidad. Pone un ejemplo concreto que exhiben las estadísticas oficiales al hablar de la cantidad de combatientes de las FARC supuestamente abatidos entre 2002 y 2010 (19 405), los desmovilizados (44 954) y los capturados por la autoridad (63 747), lo cual da un total de 128 106 hombres y mujeres neutralizados por esas tres vías. El problema se presenta con las cifras gubernamentales de 2002, cuando se reportaba poco más de 20 mil guerrilleros de las FARC y el ELN en conjunto y 12 mil paramilitares de los grupos de autodefensa. "Esto supondría que la capacidad de multiplicación y de reclutamiento de los grupos subversivos desborda el esfuerzo en gasto público y acciones militares para la neutralización de los mismos". Pero lo que en realidad evidencia es que la política represiva del gobierno se dirige contra un amplio espectro de la población civil, "que es víctima constante de delitos como los *falsos positivos*, que nutren las elevadas cifras oficiales de la lucha contra el terrorismo". "En la guerra de Vietnam se hablaba de la política del *body count*, contar y contar muertos, mostrar efectivismo o hacer efectismo en materia de cifras", diría en noviembre de 2008 el senador Luis Carlos Avellaneda en debate con el ministro de Defensa, hoy presidente de la República, Juan Manuel Santos.

Los mecanismos de impunidad que echan a andar las instituciones del Estado, y particularmente las fuerzas militares, tras el descubrimiento de estos crímenes de lesa humanidad, tienen sus efectos más nefastos en la construcción de los imaginarios sociales, en la percepción que se genera en la ciudadanía menos avisada. Así se deplora en el Informe de Soacha:

> El discurso y las mentiras oficiales han inducido a una buena parte de la sociedad civil a considerar que la desaparición y muerte de los jóvenes es prueba de su culpabilidad; se generan aceptaciones, justificaciones y conformidades que, en consecuencia, favorecen la legitimación social de la impunidad y de las violaciones de los derechos humanos [...]. Al simular el combate, alterar la escena del crimen, realizar declaraciones públicas que estigmatizan a los jóvenes o que desvanecen la responsabilidad de los militares, las instituciones estatales han logrado que una buena parte de la sociedad civil identifique a los jóvenes asesinados como enemigos: bandidos, guerrilleros, terroristas, lo cual justificaría su eliminación y que la responsabilidad se revierta sobre las víctimas.

Este último párrafo parece haber sido redactado para describir lo que el Ejército mexicano ha hecho en varias ocasiones en las que victimó a civiles inocentes, como a los cuatro jóvenes que iban a una fiesta en Santiago de los Caballeros, Badiraguato, Sinaloa; como a los niños Bryan y Martín Almanza Salazar, que viajaban junto con sus padres hacia las playas de Matamoros; como a los estudiantes del Tecnológico de Monterrey el 19 de marzo de 2010.

Justamente respecto de la muerte violenta de los estudiantes de excelencia del Tec, Javier Francisco Arredondo Verdugo y Jorge Antonio Mercado Alonso, la CNDH concluyó que los jóvenes fueron golpeados mientras agonizaban, la tropa les sembró armas, y además los propios soldados manipularon la escena del crimen. Arredondo recibió disparos directos, a menos de un metro de distancia, según la recomendación 45/2010. Militares pertenecientes a la Unidad "Néctar Urbano 4" destruyeron las cámaras de video que filmaban la escena a la entrada del Tec, le destrozaron los rostros a los estudiantes ya baleados y agonizantes, cambiaron de posición los cuerpos y sustituyeron proyectiles. Tanto el Ejército como la PGR y la procuraduría de Nuevo León negaron el acceso de la CNDH a las pruebas contenidas en las averiguaciones. Hubo, sostiene la recomendación, un uso arbitrario de la fuerza por parte de los soldados. Según la Comisión, las autoridades están obligadas a reparar el daño en lo posible, indemnizar a los deudos, atender la afectación física y psicológica de las familias, pero también la imagen y honor de dos estudiantes ejemplares, que quisieron ser presentados como delincuentes, esto es, *falsos positivos* a la mexicana.

A propósito de la frecuencia con la que militares han agredido a civiles estando drogados y alcoholizados (tras lo cual tergiversan los hechos, siembran armas a las víctimas, mueven los cuerpos y los vehículos, cambian los cartuchos que dispararon para evitar que se liguen a las armas de cargo empleadas en cada ocasión, mienten abiertamente en sus declaraciones ante la autoridad civil y castrense, afirman que ellos fueron los primeros agredidos y mil inventos más con tal de eludir su responsabilidad), el diario *La Crónica de Hoy* publicó este sintético recuento de casos en junio de 2010:

> Militares alteran escena del crimen y usan drogas
> El uso de droga y alcohol y la alteración de la escena del crimen son conductas sistemáticas entre los militares involucrados en violaciones a derechos humanos, principalmente relacionadas con homicidios de

civiles, de acuerdo con reportes de la Comisión Nacional de los Derechos Humanos.

En los sucesos investigados por el organismo durante el gobierno calderonista se han acreditado comportamientos extremos para "simular enfrentamientos o ataques", como la *siembra* de droga en vehículos o el asesinato de algún compañero de armas para justificar la reacción.

Aunque legisladores del PAN y la Secretaría de Gobernación han dudado o negado estas acusaciones, los archivos de la CNDH demuestran que se trata de prácticas constantes de los militares. Los expedientes de mayor impacto son rescatados aquí:

El último de los casos fue el de los hermanos Martín y Bryan Almanza Salazar, de nueve y cinco años de edad, fallecidos el pasado 3 de abril, cuando viajaban en una camioneta junto a varios familiares, rumbo a la playa de Matamoros, Tamaulipas [...]. Aunque la Sedena aseguró que fueron víctimas de un fuego cruzado entre fuerzas castrenses y sicarios, e incluso atribuyó las muertes al crimen organizado, la CNDH corroboró que el ataque fue ejecutado por elementos del Ejército.

También denunció que hubo intimidación a la familia de los niños con posterioridad al día de los hechos; que la Defensa negó copia de los exámenes toxicológicos de los involucrados, y que los soldados alteraron las evidencias: según testimonios múltiples, se acomodaron dos autos junto a la camioneta embestida para simular un fuego cruzado; y de acuerdo con los estudios periciales, se realizaron disparos frontales en contra del vehículo de la familia Almanza cuando éste ya estaba desocupado.

1 de junio de 2007. En la comunidad de "La Joya de los Martínez", Sinaloa de Leyva, "elementos del Ejército se encontraban acampando sobre la orilla de la carretera, ingiriendo bebidas alcohólicas; dos de ellos se encontraban en estado de embriaguez y, probablemente, bajo los efectos de alguna droga; con sus armas abrieron fuego contra una camioneta que circulaba por el camino, y en la cual se transportaban ocho integrantes de la familia Esparza Galaviz: murieron un adulto y dos menores [...]. Los militares colocaron sobre la camioneta atacada costales de mariguana en descomposición y dieron muerte a uno de los soldados, cuyo cuerpo habría sido acomodado en el lugar del suceso,

para cambiar la versión de los hechos y señalar que los tripulantes civiles agredieron y mataron a éste último".

7 de junio de 2007, en las faldas del cerro de La Lesna, Sonora, en la frontera con Estados Unidos. "El señor José Fausto Gálvez estaba con unos amigos [...]. Llegó ahí personal de la 40 Zona Militar y los encañonaron preguntando quién era su jefe y en dónde se encontraba la mariguana, y que si no los iban a madrear y a matar [...]. Ellos explicaron que esperaban a un "pollero" que los pasaría a la ciudad de Phoenix, pero los soldados respondieron con patadas [...]. Uno de los militares agarró de los cabellos a don José y ordenó a uno que le decían cabo Martínez: 'Sube a este cabrón al carro y ahí va a cantar', en ese momento los militares dispararon sus armas a un lado de las cabezas de los retenidos [...]. Un oficial le propinó un puñetazo en la boca y pidió le vendaran los ojos para arrastrarlo por el suelo y fue cuando le metieron a la boca un tubo y lo obligaron a beber alcohol con el propósito de ahogarlo, mientras le metían en las uñas de manos y pies unos pedazos de madera [...]. Lo abandonaron ahí y fue rescatado un día después. Se logró verificar que uno de los soldados estaba alcoholizado".

11 de enero de 2008, Huetamo, Michoacán. "Elementos adscritos al Doceavo Batallón de Infantería abrieron fuego contra una camioneta que circulaba por la calle Calzontzin, y en la cual se transportaban dos personas: Víctor Alfonso de la Paz Ortega y Juan Carlos Peñaloza García, de 17 y 19 años de edad [...]. El primero perdió la vida [...]. La Sedena informó que los jóvenes agredieron a los militares, y entonces el soldado José Francisco Padilla, en defensa de su vida y la de sus compañeros, realizó un disparo de advertencia, y al no observar ningún cambio por parte del conductor de la camioneta, se vio en la necesidad de efectuar dos disparos hacia los neumáticos del automóvil del agresor, pero debido a la oscuridad, éstos causaron la muerte del menor. Sin embargo, se comprobó que ninguno de los civiles portaba armas de fuego. Durante la investigación, se giraron diversas solicitudes de información a la autoridad, pero fueron negadas".

16 de febrero de 2008, Reynosa, Tamaulipas. "Al intentar detener la marcha de un vehículo, un grupo de soldados accionó sus armas, cau-

sando la muerte del señor Sergio Meza Varela y lesiones a José Antonio Barbosa [...]. La Secretaría de la Defensa Nacional argumentó que se repelió una agresión, pero el Ministerio Público no localizó armas dentro del coche; el resultado fue negativo a la prueba de rodizonato de sodio en ambas manos de Sergio [...]. Los efectivos denunciaron ante la PGR que su vehículo militar tenía un impacto de arma de fuego, pero la Coordinación de Servicios Periciales de la CNDH concluyó que dicho impacto no tenía relación con los hechos. La Dirección General de Derechos Humanos de la Defensa incurrió en acciones dilatorias para el envío de la información y, en algunos casos, la negó".

26 de marzo de 2008, comunidad de "Santiago de los Caballeros", municipio de Badiraguato, Sinaloa. "Militares dispararon contra el vehículo Hummer H2 que tripulaban Zenón, Manuel, Miguel e Irineo Medina, Edgar Geovany Araujo y Ernesto Madrid. Murieron cuatro de los viajantes y uno resultó herido [...]. Los vecinos del poblado informaron que los militares se encontraban borrachos debido a que habían estado tomando. El teniente de infantería Víctor Ruiz Martínez refirió que escuchó que alguien del personal a su cargo gritó 'Ya no disparen, nos estamos dando entre nosotros mismos'; por su parte, el soldado Jorge Jiménez Castañeda refirió que impactó a algunos de sus compañeros sin poder precisar a quiénes. El MP refirió que los que agredieron fueron los militares y no al revés, como señaló la Sedena en su denuncia [...]. Se confirmó que uno de los soldados que dispararon estaba drogado".

La acuciosa periodista Marcela Turati ha documentado en profundidad y con eficacia profesional estos casos de militares ebrios y drogados que disparan sin motivo a los civiles. En su libro *Fuego cruzado. Las víctimas atrapadas en la guerra del narco* (Grijalbo, 2011), por ejemplo, cita a una iracunda María Alarcón López, madre de Edgar Geovany Araujo, quien antes respetaba a los militares, pero ya no. "Ellos son los que deberían poner el orden, para eso los manda el presidente de la República. No sé si ellos estaban preparados, estudiados, lo que sí es que estaban borrachos, ¡todos estaban borrachos!"

Siempre hay alguien que defiende a capa y espada la actuación del Ejército, sobre todo cuando, siendo civil, está en la nómina de la Secretaría de la Defensa Nacional. Es el caso de la ex diputada del Partido Socialdemócrata Marina Arvizu, hoy coordinadora civil de la Unidad de Vinculación de la Sedena. Ella admitió que hay algunos militares que cometieron delitos, "que tienen nombre y apellido" y que deben ser juzgados porque cometieron abusos. "El Ejército no podía dejar que se esfumara la confianza que la ciudadanía le ha conferido en las últimas décadas, por desgracias causadas por esos pocos militares".

La Unidad de Vinculación fue creada por decreto presidencial en junio de 2010 con el fin de "generar los acercamientos necesarios para la solución de conflictos entre el Ejército y la Fuerza Aérea Mexicanos y la sociedad en general, ocasionados con motivo de la presencia militar en las calles". Hay muchos civiles ahora junto a las fuerzas armadas, "para no generar rechazo". Ellos se encargan de materializar la atención: "Es decir, hay que pagar funerales, llevarles [a las familias] atención psicológica, atención médica, eso lo hacemos nosotros". Su unidad, presumió, ha capacitado a 31 mil efectivos militares en temas de género y cultura de paz, ha realizado 36 reuniones con representantes de ONG en las 12 regiones militares del país y ha instalado siete mesas de diálogo con ONG de Ciudad Juárez.

Cuando se le preguntó a Marina Arvizu si ésta no es una medida tardía, tras más de cuatro años de guerra, la ex legisladora aseguró que no, pues la Dirección General de Derechos Humanos de la Sedena fue creada desde enero de 2008 y ya daba seguimiento a las quejas y recomendaciones por presuntas violaciones. El jefe de Arvizu es el general de brigada Raymundo Balboa Aguirre.

> No es nueva la atención —dice, convencida—. Lo que cambia son la visión, los procedimientos y la técnica para atender estos casos, pero eso no significa que no se estuvieran atendiendo. El Ejército está haciendo lo que le toca. Nosotros llegamos como civiles a decirles: "Hay cosas que están pasando y que ustedes no ven, y que tampoco pueden ver

porque finalmente siguen siendo parte de la institución". Ellos siguen siendo militares, y queremos darles esta visión que los civiles tenemos.

Como se mencionó antes, lo que en Colombia se dio en llamar *falsos positivos* es una práctica inspirada en el *body count* del Ejército de Estados Unidos durante la guerra de Vietnam. Los presupuestos que el Congreso aprobaba para la guerra, los apoyos ciudadanos a una invasión armada a un país remoto, los resultados triunfales de "nuestros muchachos" eran necesarios y había que conseguirlos a cualquier precio. Puesto que se trataba de una guerra sin frentes fijos (¿qué otra cosa es, sino constantes confrontaciones armadas sin posiciones específicas, sin que el "enemigo" presente un frente determinado, lo que estamos experimentando en México?), "el éxito se daba por el número de tropas enemigas muertas".

En internet y en libros diversos abundan los análisis sobre el *body count* de las tropas invasoras que se transformaba en sinónimo de éxito. Por cada cuerpo contabilizado los soldados obtenían pases de descanso, y los oficiales promociones jerárquicas y medallas. Cada vietnamita muerto, así fuera un aldeano inofensivo, se colocaba en el recuento de los cuerpos. Y también solía decirse: "Si está muerto, es del Vietcong". El asunto desembocó en que numerosos oficiales ordenaban matar a la población civil, arrasaban aldeas enteras e incluso ejecutaban a combatientes que ya habían aceptado rendirse.

Una variante algo más sofisticada estaba constituida por la "tasa de muertes", que no era sino la comparación de los caídos por cada bando. Según la propaganda que fue ampliamente difundida en la época, la relación solía ser de 10 a uno a favor del ejército invasor, porque los estrategas confiaban en que el Vietcong y el Ejército Popular de Vietnam serían derrotados a partir del desgaste de sus fuerzas, no solamente en batalla, sino a golpes de propaganda. Hay ejemplos perfectamente documentados: por ejemplo, se exhibía ante los medios a 10 cadáveres de supuestos guerrilleros comunistas y se informaba que habían sido muertos otros 20, y tal vez heridos 40 más. La inflación mediática de las bajas reales incluía aldeas enteras con 500 habitantes, por ejemplo, pero al revisar a cuatro "enemigos" o "bajas" que estaban en un hospital por quemaduras de napalm, resulta que las internas eran mujeres campesinas.

Con el tiempo la propaganda tuvo un efecto adverso. Conforme se prolongaba la guerra, la estrategia de comunicación llegó a convertirse en algo odiosamente necrofílico, morboso, indeseable, pues los ciudadanos de Estados Unidos se hastiaron de ver tantas imágenes de sangre y cadáveres. En una ocasión, un portavoz del Ejército leyó un comunicado en el que se afirmaba que "los marines no quemarían casas ni aldeas, salvo aquellas que estuvieran fortificadas". Entonces un periodista le hizo ver que la inmensa mayoría de las aldeas y casas en Vietnam, por exigencia misma de una guerra desigual, de hecho estaban fortificadas en mayor o menor grado. "Lo sé", respondió el vocero militar.

En Colombia, en consonancia con las consecuencias de esa doctrina del conteo de cuerpos, el 4 de agosto de 2010 la Fiscalía General reportaba cerca de 10 mil cadáveres en sepulturas anónimas o fosas clandestinas. Mutatá, en Antioquia, y Granada, en el Meta, eran los sitios en donde aparecían más fosas de anónimos (1 500 y 510, respectivamente) cuando apenas se estaban recibiendo las respuestas estadísticas de 1 103 municipios del país. A punto de dejar el mando, el presidente Uribe montó en cólera cuando se reunieron alrededor de un millar de familiares de posibles víctimas de desaparición forzada, de ejecución extrajudicial y de la transformación de los ejecutados en *falsos positivos*, el 22 de julio de 2010, tras el descubrimiento de un enorme cementerio —al inicio se habló de hasta 2 mil cadáveres, pero la cifra se redujo a varios cientos— ubicado junto a la base militar de la Fuerza de Tarea Omega, en La Macarena (Meta). Escribió al respecto el jesuita Javier Giraldo Moreno, paradigmático defensor colombiano de los derechos humanos, en un artículo fechado en agosto de 2010 en *Noche y Niebla*, publicación del Centro de Investigación y Educación Popular (CINEP) y su Programa por la Paz:

> La resonancia que tuvo la audiencia pública del pasado 22 de julio provocó reacciones irracionales en el gobierno y en sus voceros en medios

> masivos de comunicación. El presidente Uribe calificó a los convocantes de "terroristas" que buscaban "cómo desacreditar a la fuerza pública" (según el diario *El Espectador*). El ex asesor presidencial y columnista de *El Tiempo*, José Obdulio Gaviria, calificó a los denunciantes —incluyendo a senadores y representantes, a los periodistas y a los más de mil campesinos que acudieron a la audiencia— como "militantes del PC3" que recitaron "su parlamento del guión fariano" [*fariano* se refiere a las FARC] acompañados por "una delegación de la extrema izquierda europea y norteamericana encabezada por seis eurodiputados". Ni el presidente ni sus voceros examinaron en lo más mínimo los fundamentos fácticos y jurídicos de las denuncias, sino que acudieron a su esquema rutinario de descalificar al denunciante adscribiéndolo gratuitamente al único campo en que su destrucción podría encontrar algún fundamento legal: el terrorismo. Es exactamente el mismo marco lógico de los *falsos positivos*.

El enojo de Uribe no era para menos, pues ese día se recabaron 52 testimonios que aludían a 57 crímenes perpetrados en el área del bajo Ariari, lo que llevó 15 horas de videofilmación; 13 desapariciones forzadas causadas por el Ejército; 31 ejecuciones extrajudiciales, en 22 de las cuales, perpetradas por soldados, se había seguido el libreto de los *falsos positivos*, además de que en otras cinco hubo pruebas de que los cadáveres habían sido sepultados como "NN" (desconocidos) en el cementerio de La Macarena; 16 detenciones arbitrarias de personas que luego fueron absueltas porque no existía prueba alguna contra ellas; cinco asesinatos sin información sobre los responsables y con alta probabilidad de que los cuerpos estuviesen también en el cementerio clandestino descubierto en La Macarena. Además se narraron otros casos de atentados, torturas y amenazas de muerte, reporta el ejemplar 41 de *Noche y Niebla*, con el subtítulo "Banco de datos de violencia política".

Había en 2010 un clamor nacional en Colombia para que los cuerpos sepultados en tumbas anónimas en La Macarena fueran "exhumados en su totalidad" para establecer su identidad, para que dejaran su condición de "NN" y para esclarecer las circunstancias de sus muertes violentas, "cuyas responsabilidades quisieron ocultarse en el anonimato", pues se contaba con bases firmes para apoyar la hipótesis de que el cementerio de "NN" en La Macarena "era uno de los receptáculos de cuerpos de víctimas de *falsos positivos*, desapariciones forzadas, ejecuciones extrajudiciales y clasificados como 'muertos en combate' (real o ficticiamente)".

Aquí vale la pena desmenuzar la denominación "NN", que es casi universal. Las fuentes etimológicas señalan su origen en la frase latina "*nomen nescio*", que quiere decir "desconozco el nombre"; en español significa "ningún nombre"; en inglés, "*no name*", "sin nombre"; entre los antiguos romanos "*non nominatum*", "no nombrado". En el Tercer Reich alemán, el Nacht-und-Nebel-Erlass o Decreto NN ("Noche y Niebla") permitió el asesinato o desaparición forzada de gente que resultara sospechosa de "poner en peligro al Estado".

La Coordinación Colombia-Europa-Estados Unidos analizó la práctica criminal de asesinatos perpetrados desde instancias del gobierno y que, además, buscaban ser encubiertos "trasladando la culpa a las propias víctimas", tratando de dejar en la percepción de la sociedad que esas personas "merecían su muerte". Esto dice el informe 2007-2008 del Observatorio de Derechos Humanos y Derecho Humanitario de dicha Coordinación:

> La selección de las víctimas entre los estratos socialmente marginados de la población; el traslado de las víctimas a lugares alejados para ser ejecutados en zonas donde nadie pueda conocerlos y reclamarlos; su entierro en fosas comunes, de forma anónima, y la ausencia de un registro confiable y actualizado de las personas que la fuerza pública reporta como "muertas en combate" no pretenden más que mantenerlas en el silencio y dificultar el hecho de que la sociedad, y mucho menos las instancias judiciales, pueda conocer lo que está ocurriendo.

La práctica de los *falsos positivos* estaba indisolublemente asociada a las ejecuciones extrajudiciales. En Colombia —según la propia

Coordinación—, entre enero de 2007 y junio de 2008 se pudieron documentar al menos 535 personas que perdieron la vida en ejecuciones atribuibles a la fuerza pública. Esto quiere decir que, durante 18 meses, una persona perdió la vida cada día víctima de una ejecución extrajudicial, casi el doble de los hechos registrados entre 2002 y 2007, cuando había una víctima cada dos días, y más aún que antes (1997 a 2002), cuando el registro arrojaba en promedio una persona cada tres días.

En el ya citado informe "Soacha: la punta del iceberg. *Falsos positivos* e impunidad" se describe la premeditación en estos crímenes de Estado contra personas inocentes,

> [...] que instalan primero en el inconsciente colectivo la noción de un enemigo bárbaro y sin derechos, sin probabilidad de existir, susceptible de ser arrasado, barrido, en fin, ejecutado, para luego llamar "victoria" a la muerte creciente de los indefensos [...]. Más de 3 mil ejecuciones extrajudiciales, sumarias y arbitrarias perpetradas en Colombia entre 2002 y 2009 son crímenes de carácter internacional. Lo sucedido a jóvenes de Soacha mostró la extrema crueldad con la que se puede actuar para lograr efectividad en supuestos combates a variados enemigos.

El propio informe intenta explicar por qué se escogió precisamente a jóvenes de barriadas marginales para hacerlos aparecer como guerrilleros muertos en combate, aunque sus cuerpos estaban a cientos de kilómetros del lugar donde fueron secuestrados:

> Dicen algunos: eran jóvenes delincuentes, drogadictos, sin sueños ni proyectos de vida, sin un salario, sin educación; "Si les pasó lo que les pasó, fue por algo"; "El que es bueno es bueno y no le pasan estas cosas"; "Se lo merecían, hay muchos muchachos que dañan a la sociedad". Estas frases constituyen una burla a familias enteras que hoy esperan la verdad sobre la muerte de sus seres queridos; con ellas se ignora el dolor de miles de colombianos que han sufrido este delito.

En el documento se reporta el absurdo del conteo de muertos como equivalente al triunfo del ataque oficial a los llamados "terroristas":

> La mirada del mundo se vuelca sobre Colombia, pues el Ejército Nacional ha creado una mentalidad donde la guerra se gana con las bajas al enemigo, y esto conduce a que se infle el número de bajas. Hoy se tiene claro que esta estructura de guerra se viene practicando desde hace muchos años, que las víctimas han sido silenciadas para que estos hechos queden en la impunidad y para legitimar estas prácticas dentro del Estado.

Tienen razón quienes afirman que el conflicto de seis décadas en Colombia, que era social y armado, sufrió una transformación en cuanto ascendió Álvaro Uribe al poder en 2002, pues el campo de batalla privilegiado, a partir de entonces, pasó de los campos y los montes a los medios de información. "La principal guerra que hoy se libra es mediática". Como si se tratara de un macabro *reality show*, suelen exhibirse los más espectaculares "golpes contundentes" a la guerrilla, exhibiendo "con un morbo rayano en lo pornográfico" a capturados o a cadáveres de enemigos abatidos, sostiene en un artículo Juan Antonio Gutiérrez. Hay urgencia de "mostrar resultados" para convencer a la gente que el gobierno está ganando una guerra que parecía imposible de ganar. En este afán por mostrar resultados, los medios por los cuales éstos se consiguen son secundarios: lo importante es el fiambre, la mano cortada, los cuerpos despedazados. Eso es lo que cuenta. Y con ese fin se ha establecido todo un sistema de estímulos para que la soldadesca se motive a entregar los ansiados resultados: ascensos, días libres, amén de la presión puesta por la exigencia de "cuotas de muertos" por parte de los altos mandos militares.

> Este sistema de estímulos, en el marco de la estrategia de cooperación cívico-militar del actual gobierno, se ha traducido en la creación de una extensa red de informantes (o *sapos*, como se les llama coloquialmente) que colaboran con información a cambio de unos cuantos pesitos.

> Esto ha llevado a una degradación del conflicto al más puro estilo del *Far West* [...]. Los civiles por las suculentas recompensas y los soldados por las posibilidades de hacer carrera, son de esta manera puyados para que apuren el tranco en esta fiebre de resultados.

Así salieron a la luz casos atroces como los de 46 jóvenes secuestrados o reclutados con falsas promesas de trabajo en puntos diferentes del país (sobre todo Soacha y Ciudad Bolívar), los cuales fueron asesinados y luego presentados, a cientos de kilómetros de distancia, en Ocaña, en el departamento norteño de Santander, como muertos en combate. "Se supo que el tiempo pasado entre su desaparición y su asesinato era demasiado breve, de tan sólo un par de días, como para que hayan sido reclutados, entrenados y mandados a combatir por parte de algún grupo insurgente". Fue también demasiado obvio en muchos casos de *falsos positivos* que, aunque los individuos habían sido liquidados a tiros, cuando se les colocaron a los cuerpos uniformes de las FARC, las ropas no presentaban orificio alguno de bala. Con el tiempo los perpetradores perfeccionaron su sistema y mataban a los *falsos positivos* a cinco metros de distancia y ya vestidos de guerrilleros, con lo cual también las ropas mostraban los orificios. Con el nuevo método, dejaba de aparecer el tatuaje de pólvora de los disparos que antes eran hechos a quemarropa.

Citando al gran uruguayo Eduardo Galeano, dice Juan Antonio Gutiérrez que esos victimados salen "más baratos que las balas que les matan". Se asesina a seres inocentes, se asesina a la verdad, "y con ella muere toda consideración ética".

En San Fernando, Tamaulipas, se llegó al clímax del horror. Informes oficiales concluyen que más de 100 de los arrestados clandestinamente allí fueron liquidados a golpes con marros, tubos, martillos y otros objetos contundentes, porque los victimarios decidieron ahorrarse inclusivo las balas.

6

Desapariciones forzadas en México

Frente a una lacerante realidad de miles de víctimas de desapariciones en México, malamente nombradas *levantones* —sean 3 mil, más de 5 mil o hasta 10 mil, según la fuente que se consulte—, por segunda ocasión en 29 años visitó nuestro país el Grupo de Trabajo de las Naciones Unidas sobre las Desapariciones Forzadas e Involuntarias (GTDFI), del 18 al 31 de marzo de 2011. Entre sus conclusiones preliminares quedó claro que la desaparición forzada de personas es un delito que aparece solamente en los códigos penales de siete entidades de la República (Aguascalientes, Chiapas, Chihuahua, Durango, Distrito Federal, Nayarit y Oaxaca). En los 25 estados restantes ni siquiera ha sido tipificada. Además, las definiciones de lo que constituye una desaparición forzada son distintas en cada código.

Esta situación describe, por sí misma, el enorme hueco de información sobre el tema. Pero hay que agregar otro dato muy preocupante: la mayoría de los códigos no incluye la posibilidad o la hipótesis "de que las desapariciones forzadas sean perpetradas por grupos organizados o particulares que actúen en nombre del gobierno [paramilitares] o con su apoyo directo o indirecto, autorización o aquiescencia".

Es decir, podríamos estar calcando la forma de operar de la Brigada Blanca (BB), que en México, a mediados de los años setenta, cometía todo tipo de atropellos, incluyendo ejecuciones extrajudiciales, torturas y, sobre todo, desapariciones forzadas de ciudadanos, por órdenes y con presupuesto oficiales. La BB estaba integrada por varios cientos de militares, marinos, policías federales y estatales, agentes de la Dirección Federal de Seguridad y policías de la temible Dirección de Investigaciones para la Prevención de la Delincuencia (DIPD, los "dipos" del general Arturo Durazo Moreno, ejecutor personal de las órdenes de su compañero de infancia el presidente José López Portillo, quien lo hizo general de División aunque jamás hubiese cursado una carrera militar). Fungió durante años como jefe de estos comandos de persecución de disidentes, investigación y seguimiento de subversivos, arrestos ilegales y torturas, encierro en cárceles clandestinas de familiares y amigos de los sospechosos, el general Humberto Francisco Quirós Hermosillo, quien para ese efecto despachaba en el Campo Militar Número Uno, puerta Ocho, oficina que tenía comunicación por una escalera hacia los subterráneos en donde se mantuvo a presos políticos durante meses y años mientras eran buscados por sus familiares.

A finales de los setenta e inicio de los ochenta, incluso llegaron hasta el lugar enviados de Amnistía Internacional y de organizaciones civiles mexicanas, pero no pudieron dar con la prisión clandestina, que estaba camuflada detrás de una bodega con expedientes, según me cuenta un hombre que trabajó directamente con el general Quirós Hermosillo y que recibió a los enviados internacionales sin que ellos tuvieran oportunidad de ver siquiera el acceso camuflado. Ironías del destino: ese general terminó sus días en una prisión militar, después de haber sido procesado y condenado en un tribunal castrense por haber dado protección a narcotraficantes de la organización de Amado Carrillo Fuentes, líder del Cártel de Juárez y apodado *El Señor de los Cielos* por su capacidad para trasegar cocaína y mariguana con su flota de aviones. Otro general encarcelado junto con él, Mario Arturo Acosta Chaparro, ganó amparos y quedó en libertad. No pasó mucho tiempo para que fuera condecorado, con honores, por la Secretaría de la Defensa Nacional. Acosta Chaparro, uno de los más feroces represores durante la llamada "guerra sucia" en México, reapareció en la escena pública porque fue baleado en la colonia Condesa de la capital del país; se supo entonces que participaba en las negociaciones para liberar al ex senador y ex aspirante presidencial panista Diego Fernández de Cevallos, secuestrado en mayo de 2010.

En sus conclusiones, el Grupo de Trabajo de la ONU reportó que ni siquiera está considerada la prescripción en la mayor parte de las legislaciones sobre desaparición forzada. Recordó el GTDFI que la Suprema Corte de Justicia de la Nación, en plena vigencia de la Fiscalía Especializada en Movimientos Sociales y Políticos del Pasado (Femospp, creada y abolida por el mismo presidente, Vicente Fox), estableció que el plazo para que opere la prescripción de ese delito de lesa humanidad se cuenta a partir del momento en que "la conducta ilícita deja de consumarse, esto es, cuando el sujeto pasivo aparece (vivo o muerto) o se establece su destino".

Las inconsistencias mismas en la definición de la desaparición forzada en los diversos códigos mexicanos, si se compara con instrumentos internacionales relevantes, más el hecho de que la gran mayoría de los estados de la República no hayan tipificado ese delito de sustracción de personas, "contribuye a la impunidad". Los enviados de Naciones Unidas fueron tajantes al afirmar, contra el discurso oficial del gobierno de Felipe Calderón: "No todos los crímenes cometidos en el país, incluidas las desapariciones forzadas, pueden ser atribuidos a la delincuencia organizada".

Con el fin de propiciar la impunidad, la propia autoridad reclasifica muchos casos de desaparición forzada: los reporta e investiga bajo una figura diferente o ni siquiera los considera delitos. El GTDFI recibió "múltiples testimonios de casos en que la privación ilegal de la libertad, aun pudiendo enmarcarse bajo el delito de desaparición forzada, es clasificada bajo delitos distintos tales como secuestro o abuso de autoridad".

Integraron la misión a México Jasminka Dzumhur, de Bosnia-Herzegovina; Ariel Dulitzky, de Argentina, y el libanés Osman El Hajjé, quienes visitaron la ciudad de México, la capital de Chihuahua, Ciudad Juárez, Acapulco, Atoyac de Álvarez, en Guerrero, Chilpancingo y Saltillo, Coahuila, sitio que reportaba casi 200 nuevos casos documentados de desaparición forzada ocurridos en la Comarca Lagunera, Tamaulipas, Nuevo León, Durango y Chihuahua durante el gobierno de Calderón. Los tres relatores se entrevistaron con altos funcionarios, organizaciones defensoras de los derechos humanos, familiares de víctimas, legisladores federales y ministros de la Suprema Corte de Justicia de la Nación. Se informó que, de 412 casos transmitidos al gobierno de México por Naciones Unidas en años recientes, se esclarecieron 134 y se declararon descontinuados 16, pero siguen pendientes de solución 238, casi 60 por ciento de ese universo.

Lo grave, además del incumplimiento, es que "el incremento de nuevos casos admitidos en 2010 y un gran número de nuevas denuncias recibidas durante la visita podrían indicar un deterioro de la situación de desaparición forzada en México". Y resulta que en México —escribieron Dzumhur, Dulitzky y El Hajjé—, además de ser reclasificados como delitos diferentes, "en muchas otras ocasiones los casos de desapariciones forzadas son eufemística y popularmente denominados como *levantones*. Adicionalmente, en múltiples casos las personas son simplemente consideradas *extraviadas* o *perdidas* sin considerar que pudieron haber sido víctimas de una desaparición forzada, particularmente [cuando se trata de] grupos de mujeres, menores y migrantes". Respecto del número de desapariciones forzadas, aunque otorgó credibilidad a la cifra de al menos 3 mil, el GTDFI concluyó: "Sólo mediante una investigación independiente, imparcial, completa y efectiva se puede descartar una potencial desaparición forzada. Por ende, el número de casos de desaparición forzada no puede ser establecido a cabalidad sin una adecuada investigación de todos estos delitos". Y aunque el mandato del Grupo se refiere a desapariciones forzadas (en las que hay agentes del Estado como sujetos activos), el GTDFI "condena todos los actos de desapariciones, independientemente de la calidad del perpetrador".

A propósito de la imposibilidad de hacer un conteo confiable: mientras que organizaciones civiles defensoras reportaron que, de acuerdo con sus estimaciones, más de 3 mil personas habrían sido desaparecidas en el país desde 2006, la CNDH registró un aumento sostenido en el número de quejas sobre desapariciones forzadas, que fueron 4 en 2006 y ya eran 77 en 2010. (Hay que recordar que la CNDH informó pocos días después de que se marchara de México la misión de la ONU que tiene pendientes de resolver unas 5 397 denuncias por desaparición de personas.)

Los representantes de Naciones Unidas se entrevistaron con altos mandos de la Secretaría de la Defensa Nacional, y gracias a ese encuentro hoy contamos con un dato clave para la investigación de desapariciones forzadas, ya que muchos casos "siguen ocurriendo precisamente en el nivel local y municipal": a partir del hecho de que más de la mitad de las entidades federativas han colocado al frente de sus secretarías de Seguridad Pública a militares retirados, resulta que estos nuevos funcionarios, aunque pertenecieron al Ejército, "no están bajo la supervisión de la Sedena". Eso les dijo falsamente la Defensa Nacional, porque no hay militar activo, retirado, jubilado o con permiso que se sustraiga a la vigilancia de los altos mandos. Por el contrario, cuando se hacen cargo de la seguridad pública de algún estado o municipio, quiere decir que fueron recomendados por sus superiores, me dice en entrevista el general Francisco Gallardo.

Además de esa supuesta falta de control de generales y otros oficiales que continúan bajo la férula castrense aunque se hayan retirado por edad o por conveniencia, en términos generales las fuerzas de policía de los estados y de los municipios —escribieron los enviados de Naciones Unidas— tienen marcadas diferencias en cuanto a entrenamiento, equipos y mecanismos de rendición de cuentas (hay un eterno reclamo del gobierno federal de que en esos cuerpos no hacen los exámenes de confianza ni sus propios mandos). Lo que llena de preocupación a la ONU es que "muchos casos de desapariciones forzadas siguen ocurriendo precisamente en los niveles local y municipal" en esas condiciones de fragilidad y ausencia de escrutinios.

Definitivamente es algo que está ocurriendo en México de manera irregular y fuera de los controles del gobierno, aunque es el pan de cada día, puesto que según el propio GTDFI "la lógica del Ejército y de la policía son diferentes". Por ello, los operativos militares desplegados en un contexto de seguridad pública "deberían ser estrictamente restringidos y adecuadamente supervisados". Ya se sabe que el personal militar está entrenado para enfrentar a fuerzas extranjeras enemigas y no para realizar actividades propias de la policía o interactuar con civiles, concluyeron los expertos.

A los enviados de la ONU, por todo lo dicho, no les extraña que el número de quejas contra militares (y ahora crecientemente también contra la Marina) se haya disparado de 182 en 2006 a 1 230 en 2008. Y el número sigue en ascenso, al grado de haberse multiplicado 10 veces las denuncias. Aunque se aportaron evidencias documentadas de que los militares perpetraron en varias ocasiones desaparición forzada de ciudadanos, en solamente un caso los soldados y oficiales responsables fueron sentenciados en la jurisdicción militar.

No se trata solamente de la actuación en las calles, sino que el Ejército se ha arrogado funciones de Ministerio Público: "La presencia de fuerzas militares se ha extendido más allá de las funciones de seguridad, pues hay casos en los que personal castrense interrogó a personas detenidas, utilizando torturas y otros tratos crueles, inhumanos y degradantes" (entre sus víctimas se incluye a policías municipales, como ocurrió en Tijuana). En México hay "desapariciones forzadas de corto plazo", como fueron calificadas las detenciones de ciudadanos durante relativamente cortos periodos de tiempo en los cuales no se reconocía que la víctima estaba en poder de los soldados frente a los familiares que las buscaban. Retenidas durante varios días en condiciones ilegales, esas personas serían presentadas tardíamente ante las autoridades civiles correspondientes, en flagrante violación a todas las leyes.

Desde la reforma constitucional de 2008 existe la obligación de los agentes del Ministerio Público y de las policías de registrar toda detención, pero justamente ésta es una de las bases de datos menos desarrolladas en México por el Sistema Nacional de Seguridad Pública; ni siquiera hay un procedimiento de detenciones unificado entre las diferentes fuerzas de seguridad. Es decir, hay un limbo en el que todo puede ocurrir, en total opacidad y de espalda a los mínimos estándares de respeto a las garantías individuales y procesales. El Grupo de Trabajo de la ONU pidió, pero no obtuvo, información sobre por qué la moderna Plataforma México de la Secretaría de Seguridad Pública federal "no ha sido utilizada de manera más sistemática para determinar la suerte o el paradero de víctimas de desapariciones forzadas, ni para encontrar posibles fosas clandestinas".

Ocurre, pues, que en definitiva México carece de una política integral para hacer frente al fenómeno de las desapariciones forzadas. Menos aun cuando los casos se han multiplicado de manera francamente exponencial: no existen programas para integrar esas desapariciones, para prevenirlas ni para sancionarlas. Entre otras dificultades para resolver en casos de personas desaparecidas —incluso en los casos comprobados y en eventuales hallazgos, señaló la ONU— se cuentan la falta de técnicas y recursos para identificación de restos, la exhumación de cadáveres, la ausencia de una base de datos centralizada sobre personas desaparecidas y el poco acceso a la información relacionada con casos de ese delito de lesa humanidad. "El GTDFI recibió información sobre un gran número de autoridades que se niegan a registrar casos de desapariciones dentro del periodo de 72 horas luego de que ocurrió la desaparición. Ese periodo es fundamental para obtener información sobre la suerte o el paradero de la persona sujeta a desaparición forzada y para evitar su asesinato".

No existen en México protocolos ni reglas claras para realizar procesos de exhumación e identificación de restos mortales, y menos para su almacenamiento. Por tanto, no hay protección para la información genética de los desaparecidos y sus familiares. Esto cobra particular relevancia en los casos de desaparecidos durante la llamada "guerra sucia", porque se trata de una lucha de décadas de familias enteras, y muchos de los reclamantes han ido muriendo debido a su avanzada edad.

Por si el panorama no fuera suficientemente deprimente, Naciones Unidas constató que en México, país de feminicidios y agresiones múltiples contra las mujeres, no se cuenta con información pública disponible sobre desaparición forzada de mujeres. La CNDH, por ejemplo, aporta cifras precisas de desaparición, pero no tiene desagregados los datos específicos de las mujeres víctimas de ese delito. Por supuesto, en Chihuahua y Ciudad Juárez muchos de los asesinatos de niñas y mujeres fueron precedidos por desapariciones que se habían reportado a las autoridades. En los casos en que se permitió levantar denuncias, las autoridades de todas formas no adoptaron medidas efectivas para localizarlas antes de que fueran victimadas.

Si en 2009 hubo casi 20 mil secuestros de migrantes en territorio mexicano, y solamente entre abril y septiembre de 2010 se confirmaron otros 11 333, "principalmente por organizaciones criminales", ello no deja incólumes a los representantes oficiales. Se comprobó que agentes del Instituto Nacional de Migración y de las policías federal, estatal y municipales colaboran con los criminales en los secuestros de migrantes. De esta manera cometen el delito de desaparición forzada *stricto sensu* (es decir, según la definición clásica que llama así a esta práctica sólo cuando la comete una autoridad) aproximadamente en 8.9 de los casos. Es decir, policías y agentes migratorios perpetran la escandalosa cifra de casi 3 mil de esos secuestros de indocumentados con fines de extorsión, robo, violación sexual, tortura y finalmente asesinato.

Como fue evidente en el encuentro entre familiares de víctimas de desaparecidos y asesinados y el presidente Calderón en el Alcázar del Castillo de Chapultepec, "las víctimas de desaparición forzada no confían en el sistema de justicia, ni en los ministerios públicos, ni en la policía y ni en las fuerzas armadas; la impunidad es un patrón crónico y presente en los casos de desapariciones forzadas, y no se han realizado los esfuerzos suficientes para determinar la suerte o paradero de las personas desaparecidas, para sancionar a los responsables ni tampoco para brindar reparaciones".

Una recomendación del Grupo de Trabajo de la ONU es que el gobierno genere, por fin, datos estadísticos sobre las desapariciones forzadas, sin las cuales no será posible desarrollar políticas de prevención, erradicación, investigación, sanción y reparación. Esta información es ahora inexistente en México, pese a que hay miles de casos que provocan un peregrinar de las familias desde varios estados de la República al Distrito Federal, de las procuradurías locales a la PGR, de las morgues a los hospitales, a los centros de salud mental. De acuerdo con la recomendación, dicha información deberá estar desagregada por sexo, edad, lugar donde ocurrió la desaparición forzada y señalamiento de las autoridades involucradas. También se debería incluir, en caso de estar disponibles, datos sobre la fecha y lugar de la exhumación, y sobre las familias que hallaron a algún ser querido en fosas clandestinas.

Una forma de prevenir las desapariciones sería el establecimiento de protocolos para regular el uso de la fuerza por parte del Ejército, de la Marina y todas las corporaciones policiales "conforme a los principios de necesidad, racionalidad, proporcionalidad y legalidad". En el corto plazo las fuerzas militares tendrían que retirarse de las funciones de seguridad pública, que no les competen, recomendaron los enviados de Naciones Unidas.

Asimismo, debe ocurrir algo muy elemental: el delito de desaparición forzada debería incluirse en los códigos penales de todas las entidades federativas, además de que tendría que aprobarse a la brevedad una Ley General contra las Desapariciones Forzadas e Involuntarias, en la que se establezcan los procedimientos específicos de búsqueda de personas, siempre con la participación de los familiares de las víctimas, y establecer un registro nacional de personas desaparecidas forzosamente que garantice acceso pleno a familiares, abogados y defensores de los derechos humanos.

México debería impedir a los ministerios públicos castrenses que inicien investigaciones sobre violaciones a los derechos humanos, en especial desapariciones forzadas, las cuales deben ir a la jurisdicción de los tribunales civiles. El Estado tiene que garantizar que sean agencias y tribunales civiles los que realicen averiguaciones serias y expeditas de todas las denuncias que tengan que ver con violaciones a los derechos humanos, incluyendo las desapariciones forzadas perpetradas por elementos militares. Hace falta en México, finalmente, establecer un programa nacional de búsqueda de personas en el cual haya un protocolo de "acción inmediata". Allí tendría que estar adscrito personal altamente capacitado en la exhumación e identificación de restos mortales, tarea que debería ser ejecutada con plena independencia presupuestaria y operativa.

Como se observa, casi todo está por hacerse.

Meses después de la visita resultó que Marisela Morales Ibáñez, que se estrenaba como flamante procuradora de la República, anunció en Chiapas, ante sus homólogos de todo el país, que se exploraba la posibilidad de establecer un Protocolo para el Levantamiento e Identificación de Cadáveres y Restos Humanos en México. (Es decir, primero la tarea necrofílica y después, algún día, la prevención para que no haya tantos cadáveres en fosas clandestinas.) El objeto del futuro protocolo "es homologar la actuación de quienes intervienen en este procedimiento a través de técnicas y métodos de investigación criminalística, que permitan arribar de manera científica a la identificación de los cadáveres y determinar las causas, forma y circunstancias del deceso". Se está en camino de tener un modelo con base de datos integral, "así como los criterios para el registro y clasificación de fallecimientos ocurridos en enfrentamientos derivados de rivalidad delincuencial".

En el discurso de la procuradora está ausente hasta la mínima posibilidad de que alguna víctima mortal haya sido causada por algún elemento de la fuerza pública: "Este compromiso permitirá reunir en un solo sitio la información ministerial y jurídica de cada uno de los eventos en que se hayan dado muertes producto de esos enfrentamientos y ejecuciones entre miembros de la delincuencia o agresiones contra las autoridades".

Ante un panorama negro de miles de desaparecidos adultos en el país, sólo lograron las procuradurías del país sumarse al Programa Internacional Alerta "Amber", un sistema que cuenta con los mecanismos y protocolos para la búsqueda de personas menores de edad reportadas como desaparecidas; ello facilitará el intercambio de información para localizar y recuperar a niños y niñas extraviados, secuestrados o desaparecidos. En principio, los procuradores acordaron también "documentar cada uno de los homicidios perpetrados en el país, con su correspondiente actuación ministerial, para avanzar en el esclarecimiento de los hechos delictivos y abatir la impunidad de los infractores".

Otra vez se mencionó la creación de un protocolo para el intercambio de información y para estructurar bases de datos confiables sobre las muertes ocurridas "por presunta rivalidad delincuencial". Es decir, en el prometido Protocolo no habría datos de los fallecimientos o de las lesiones provocadas por el Ejército, la Marina o las fuerzas policiacas, como si ni una sola de las víctimas (50 mil muertos, más quizás 10 mil desaparecidos) hubiese sido liquidada o afectada por la fuerza pública. El discurso es clarísimo: "Esto nos permitirá tener en un solo sitio la consolidación de los esfuerzos realizados por las procuradurías y fiscalías generales de justicia y de la propia Procuraduría General de la República".

Solamente *body count*, pues. Y entre más muertos, mejor: son señal de que vamos ganando, como han dicho en incontables ocasiones las autoridades. Lo hizo Felipe Calderón el 10 de agosto de 2010:

> Entiendo perfectamente y sé que es la percepción generalizada de que la guerra se va perdiendo. No comparto la afirmación, pero comprendo que es una percepción general que el Estado debe combatir [...]. Incluso el propio término de *guerra* yo generalmente no lo utilizo. Pero aun siendo así, si de guerra habláramos y fuera una guerra de Estado con los criminales, la verdad es que, independientemente de que hay actos muy cobardes de ejecuciones y emboscadas a autoridades del Ejército y sobre todo de la Policía Federal, la gran mayoría de los enfrentamientos entre las fuerzas federales y los criminales han sido ganados por elementos federales [...]. La proporción de bajas es de 8 a 1.

Y el número de muertes es reflejo de la disputa entre cárteles y grupos de criminales, diría. La proporción de bajas que manejaba el Ejército de Estados Unidos en Vietnam era de 10 a 1. Si uno saca cuentas de lo dicho por Calderón, serían unos 3 mil soldados, marinos, policías federales y locales asesinados dentro del total que por esos días dio a conocer el Cisen, 28 mil ejecuciones.

Eduardo Medina Mora, cuando aún era procurador de la República, reconocía en mayo de 2008 que en año y medio del gobierno de Calderón ya iban más de 4 mil personas *ejecutadas* en hechos relacionados con el crimen organizado (cifra que hoy parece hasta ridícula, si se piensa en los más de 50 mil contabilizados 40 meses después), pese a lo cual, y "aunque no lo parezca, vamos ganando todos los mexicanos" en la estrategia de combate al narcotráfico. Acababan de ser abatidos en Culiacán, Sinaloa, siete agentes federales. "Hay falta de comprensión de cuál es el tamaño del desafío", decía en entrevista con Televisa (cadena de donde él había sido directivo), y mentía respecto del retiro gradual del Ejército de labores de seguridad pública "en la medida en que se reduzca la ola de violencia en el país". En tónica triunfalista, Medina Mora afirmaba que el ataque del gobierno genera descomposición en la delincuencia "y esta descomposición se expresa en violencia, violencia entre ellos, porque tienen que competir por un pastel más pequeño".

Entonces, como hoy, la procuraduría llamaba "juicio aventurado" el informe de Amnistía Internacional según el cual las violaciones a los derechos humanos son "generalizadas y sistemáticas"; lo era "en el sentido de que el tamaño del esfuerzo que el Estado mexicano viene haciendo para el combate a la delincuencia organizada puede llevar a incidentes aislados".

El 11 de junio de 2010, el periódico *El Universal* registró el día más violento del sexenio hasta entonces, con 85 ejecuciones en sólo 24 horas. Cuando consultó con la Secretaría de Gobernación sobre el tema, la respuesta fue repetitiva: "La mayor parte de las muertes violentas son resultado de las tradicionales rivalidades y lucha que libran las organizaciones criminales entre sí al disputarse el control de territorios". La secretaría refrendó su rechazo a esos "actos de barbarie". A contrapelo, el director del Cisen, Guillermo Valdés, reconocería que el gobierno federal no había logrado reducir la violencia en el país, cuando informó que había ya 28 mil muertes atribuibles al crimen organizado. Era agosto de 2010 y el funcionario participaba en el Diálogo por la Seguridad convocado por la Presidencia de la República.

Los militares no iban a la zaga en materia de declaraciones triunfales: "Al Ejército mexicano no sólo le asisten la ley y la razón en la guerra contra el crimen organizado, sino que la va ganando", declamaba el general de Brigada Roberto Gustavo García Vergara, director del Colegio de la Defensa Nacional. "Nadie tiene derecho a rendirse, nadie tiene opción para desviar el rumbo y mucho menos perder la fe en México y en su presidente [...] ahora nuestro país marcha con dirección y rumbo, no importa qué tan grandes sean los retos", añadía. En esa misma ceremonia en la que 42 generales y capitanes, más seis civiles, se graduaban en la maestría de Administración Militar para la Seguridad, el secretario de la Defensa Nacional, Guillermo Galván, reiteraba: "Cuantas veces se requiera, tendremos que afrontar y vencer las adversidades; no es momento de claudicar".

Solamente que los mexicanos piensan exactamente lo contrario.

Según la Encuesta Nacional sobre la Percepción de Seguridad Ciudadana en México, dada a conocer por Consulta Mitofsky y México Unido Contra la Delincuencia en junio de 2011, si en el año precedente 30 por ciento de la población opinaba que el crimen organizado iba ganando la guerra, ya en 2011 representaban 58 por ciento los encuestados que tenían la certeza de la derrota del gobierno. "Asimismo, 82 por ciento piensa que la inseguridad es peor que hace dos años, y uno de cada seis encuestados conoció a alguien que murió en la lucha contra el crimen organizado". Esa frecuencia de cercanía con el horror es de uno de cada cuatro en el norte del país.

Una encuesta similar en noviembre de 2010 había arrojado que, en solamente cinco meses, el porcentaje de mexicanos que estimaba que el gobierno iba ganando la lucha se desplomó de 48 a solamente 23 puntos porcentuales. Ni una cuarta parte de los ciudadanos se creía ya el propagandístico éxito de la estrategia antinarco; 83 por ciento de los encuestados respondió que se sentía más inseguro que el año anterior, y cada vez se contabilizó a menos mexicanos que estarían dispuestos a dar su testimonio sobre un asalto en la vía pública o siquiera acercarse a un Ministerio Público si fueran víctimas de algún delito.

De ese tamaño es la nula credibilidad en las instituciones de justicia.

7

Los *gizes* y comandos de la muerte

"¿Te acuerdas de lo que te expliqué de cómo operan los *gizes*? Léete *La Jornada* hoy y ahí vas a ver cómo están bien activos en Morelos", me dijo por teléfono el general Francisco Gallardo el lunes 11 de julio de 2011.

En efecto, habíamos conversado largamente con el general y académico universitario sobre las actividades de espionaje, clandestinas, de esos Grupos de Información de Zona (GIZ), integrados por oficiales, clases y tropa adscritos a las 12 regiones militares, 46 zonas y otras tantas guarniciones. Delante de sus colegas de la universidad y haciendo apuntes sobre un pizarrón, Gallardo había calculado un mes antes que habría unos 1 600. "Pero podrían ser el doble", me diría en entrevista grabada posteriormente, ya que existen grupos de *gizes* trabajando también para zonas de la Marina y la Fuerza Aérea, para el Estado Mayor Presidencial y para el Estado Mayor de la Defensa Nacional.

Los *gizes* suelen actuar vestidos de civil e investigan en comunidades y pueblos, en barrios y colonias urbanas. Cumplen supuestamente tareas de inteligencia en forma ilegal; toman, en teoría, el pulso político-social de cada sitio al que son asignados para luego presentar reportes a sus superiores. Los *gizes* deben detectar a cualquier disidente, a todo sospechoso de ser enemigo de las instituciones. Se dedican a desentrañar los acontecimientos de cada día, los anuncios públicos y también las intenciones privadas. Cuando tienen los recursos, intervienen llamadas telefónicas. Exageran como operadores de un *sospechosismo* extremo. Ven moros con tranchete: cualquiera puede ser un enemigo embozado. Cuidado si te topas con uno de ellos y hablas de más, si convocas protestas públicas, si estás en un círculo de análisis o un cineclub, si promueves cambios en tu barrio o comunidad, si te atreves a exigir respuestas de la autoridad.

—¿Recibieron cursos del FBI, la CIA, la DEA? ¿Los asesoran las policías de Europa? ¿Fueron entrenados por la Mossad israelí? ¿Son grupos de elite, con alta capacitación, el equivalente a los Gafes (Grupos Aerotransportados de Fuerzas Especiales) pero en asuntos de inteligencia? —quiero saber.

El general Gallardo fue hostigado, criminalizado y encarcelado de 1993 a 2002 (más de ocho años con 15 averiguaciones previas y nueve causas penales de toda índole), en el fondo por haber propuesto un ombudsman dentro del Ejército mexicano. A mi pregunta, ríe de buena gana: "Para nada. Mi experiencia es que son oficiales y gente de tropa nombrada al arbitrio del comandante de zona, escogidos entre quienes tienen algún contacto con la gente de las comunidades, de tal manera que puedan actuar sin despertar sospechas. Pero cumplen la encomienda sin criterio alguno, sin saber siquiera qué tipo de información deben reportar".

—¿Son como espías del Cisen, como *orejas* de Gobernación? —insisto.

"Algo así, como *orejas*, pero además sin preparación alguna, malas y sesgadas, porque nadie capacitó a los *gizes* para tareas de inteligencia, porque tienen un grado escolar muy bajo, algunos sólo hasta quinto de primaria. Lo peligroso es que, con base en la información que reportan estos *gizes* sin la más elemental técnica de investigación, el alto mando militar toma decisiones que afectan a la población en cada lugar".

De allí derivan gravísimas violaciones a los derechos humanos de las cuales los tribunales militares suelen encubrir, proteger y finalmente desafanar de culpa a los suyos. Aunque el 12 de julio de 2011 hubo una histórica decisión de la Suprema Corte de Justicia de la Nación para obligar a que toda afectación de militares a civiles sea juzgada en un tribunal ordinario y no en el ámbito castrense, como ocurrió durante décadas, el tema merece capítulo aparte, pues ya comenzó a verse que un asunto tan enojoso para los militares marchará con demasiadas dificultades en el camino. Gracias a leyes que no han sido derogadas, el general secretario de la Defensa Nacional será quien decida, en última instancia, quién de sus subordinados podrá ser juzgado en tribunales civiles y a quién se protegerá para salvaguardar a los mandos que le dieron instrucciones para delinquir.

Los *gizes* existen en todas las zonas militares del territorio nacional, me explica el general Gallardo. Se subsumen en su actividad de espionaje a los grupos de información de las unidades operativas, como son los batallones y los grupos especiales. Suelen estar integrados por oficiales y clases (eventualmente alguien de la tropa) y su misión es recabar información sobre cualquier movimiento social. Con los militares involucrados en tareas de seguridad pública y de combate al crimen organizado, tal como decidió el gobierno de Felipe Calderón desde diciembre de 2006, los *gizes* han cobrado una relevancia sin parangón en la historia reciente. Y también una peligrosidad extrema, pues siguen investidos de permiso para cometer cualquier tropelía.

Los *gizes* operan virtualmente ignorados por la sociedad, pero son casi omnipresentes. Se los utiliza incluso cuando entra en operación el Plan DN3, ese conocido operativo militar de ayuda a la ciudadanía en casos de desastres naturales. El Plan DN3 suele activarse automáticamente a criterio de los jefes de zonas militares, que ni siquiera esperan al acuerdo o recaban aquiescencia de las autoridades locales. Los sistemas de seguridad, los acordonamientos de zonas, el reparto de las ayudas y asistencia, todo es controlado por el Ejército y la autoridad civil queda desplazada en cuanto se echa a andar el mecanismo de emergencia. Dice el general Gallardo:

> Es verdaderamente peligroso que los *gizes* actúen sin tener una capacitación que les permita obtener verdadera información de inteligencia. Como estos grupos operan en la total clandestinidad y pueden actuar vestidos de civil o encapuchados y en comando, se salen del control de la superioridad y son ellos quienes cometen todo tipo de abusos en contra de la población civil. Inclusive se han visto involucrados en asuntos de orden criminal, como son asaltos a bancos, robo y agresión a tran-

> seúntes, secuestros; también cometen crímenes a sabiendas de que esos asesinatos quedarán impunes.

El general Gallardo me habla de la utilización perversa de la fuerza militar cuando se le involucra en asuntos que no son de su competencia. "Los mandos militares desnaturalizan la función del Ejército y violan inclusive tratados internacionales, como los de Ginebra, porque las tropas fueron colocadas en tareas para las que no fueron preparadas y que pasan por encima de la propia Constitución".

—Claro que andan sin uniforme—, responde Gallardo a otra de mis preguntas. Y agrega:

> Cuando un oficial se involucra en un asunto criminal o una violación a los derechos humanos que es descubierta y en donde el mando militar se ve comprometido, el oficial queda desamparado porque el Ejército lo da como desertor. Además tengo documentados muchos casos de militares o sus familiares que han sido desaparecidos durante y después del cumplimiento de estas misiones. La Secretaría de la Defensa Nacional no reconoce oficialmente que un soldado o un oficial está cumpliendo una misión de carácter militar ordenada por el alto mando. Desde mi punto de vista aquí hay una clara violación a los derechos humanos que se comete en contra del personal militar que cumple estas funciones por órdenes estrictas de un superior. Y muchas veces, cuando esos soldados violan derechos humanos y llegan a un tribunal, quedan desamparados; no hay una autoridad a la cual recurrir por violaciones a los derechos humanos. "Yo te ordeno hacer algo ilegal, pero si cometes errores, te desconozco". Entonces automáticamente quedan desamparados.

Al general Francisco Gallardo le tocó tener que rechazar órdenes que violaban la ley. Cuando pedía que le dieran esas instrucciones por escrito, no sólo se las negaban, sino que eso era pretexto para colocarlo entre los disidentes dentro de la institución armada. Ocurrió en varias ocasiones en los siete años que trabajó en el Estado Mayor de la Defensa. "Todo esto no es nuevo. Tiene muchísimos años. Pero el asunto repunta porque el Ejército ha sido usado por el gobierno de Calderón para tareas que no le corresponden del orden policiaco, de seguridad pública, y con el pretexto de la aplicación de la ley de armas de fuego y explosivos, desde que se hizo la declaratoria de guerra contra las drogas y contra el crimen organizado".

Gallardo resultó profético cuando puso el ejemplo que él presenció en Morelos haría cosa de medio año, según me narraba a finales de junio de 2011. Un grupo de jóvenes fue desaparecido por grupos organizados que llegaron después de una "llamada anónima". Los así privados de su libertad fueron golpeados, torturados e interrogados en un cuartel. Después tuvieron la suerte de que los dejaran vivos y los tiraran en las faldas de una sierra del norte de Morelos. "Llegué a la conclusión de que quienes cometen estas desapariciones y otras agresiones contra la población son los *gizes*".

Por eso me llamó para que leyera yo la información publicada el lunes 11 de julio. Nos acordábamos durante la conversación de cómo el Ejército, en los años sesenta y setenta del siglo anterior (cuando había guerrilla activa en Guerrero), constantemente iba a las comunidades en labores supuestamente sociales: a vacunar, a cortar el pelo, a dar servicios con dentistas, a reparar casas, a pintar escuelas. Pero tengo en mis manos grabaciones de finales de los setenta, durante el sexenio de José López Portillo, en las que consta que el Ejército se apoderaba de comunidades enteras (como ya había ocurrido en el gobierno precedente, el de Luis Echeverría, cuando todos los habitantes de El Quemado fueron a parar al Campo Militar Número Uno, pues el Ejército quería saber, en 1974, en dónde ubicar a Lucio Cabañas, quien por ese entonces tenía secuestrado a Rubén Figueroa Figueroa, ex senador de la República y aspirante a gobernar Guerrero). En reuniones públicas grabadas, diversos líderes rurales hacen mención de torturas extremas, de violaciones a mujeres, de muertes durante los tormentos, de cómo se enterraba hasta el cuello a personas vivas, en medio de hormigueros, bañándolas con leche Nestlé para que, si no morían de inanición, fueran devoradas por las hormigas.

Ahora, con el involucramiento en la lucha contra las drogas y cumpliendo funciones de seguridad pública, estos sistemas de extrema represión se han reactivado e incluso se han podido constatar numerosos abusos.

Le recuerdo a Gallardo lo que escuché decir a Gustavo de la Rosa Hickerson, defensor de derechos humanos en Ciudad Juárez: la llegada masiva de tropas desplaza a los policías locales. No sólo toman el mando, sino que dejan sin razón de ser a los agentes municipales. En ese limbo de inacción, los policías tienen más tiempo para delinquir, secuestrar ciudadanos por su cuenta y ponerse a las órdenes de los cárteles de la droga.

> Por supuesto, los dejan ociosos. Aquí el asunto tiene que ver con una suplantación de la función pública, cuando el Ejército hace presencia para suplir a las policías y se transforma en policía, lo más seguro es que vaya a violar los derechos humanos porque la capacitación, el adiestramiento y el adoctrinamiento del Ejército no tienen nada que ver con temas de derechos humanos, sino con la aniquilación de un enemigo. Así ve el Ejército a los delincuentes, como enemigos. Y aun los delincuentes tienen derechos humanos y constitucionales que deben ser respetados por policías o soldados.

En mayo de 2011 fue asesinado en los rumbos de Satélite, Estado de México, el general de División Jorge Juárez Loera. Tenía menos de tres semanas de haber sido retirado del Ejército, jubilado por edad, según se dijo. Su último cargo fue oficial mayor de la Sedena, tercer sitio en importancia después del secretario Guillermo Galván Galván y del subsecretario Carlos Demetrio Gaytán Ochoa. Había estado, además, al frente de las tropas que llegaron a Chihuahua en 2008 (con mando sobre Coahuila y Durango en la XI Región Militar), justamente cuando se disparó en forma exponencial el número de ejecuciones mortales en Ciudad Juárez y en todo Chihuahua. El general Juárez Loera pasó a la posteridad por dos frases definitorias de su ideología de actuación: "Mi orden de cateo es el marro", cuando se le reclamaba respecto de los cateos ilegales que se multiplicaron entonces, y "No hay que decir un ciudadano más asesinado, sino un delincuente menos", consejo dado a los periodistas con el cual criminalizaba a todo el que moría violentamente y de paso justificaba la actuación de las fuerzas de seguridad en toda ocasión y circunstancia.

Como oficial mayor de la Sedena, Juárez Loera estaba al tanto de todos los gastos y movimientos que generaba el envío de al menos 60 mil militares a las calles y caminos rurales de la República: los viáticos, la gasolina, la movilización de personal, el armamento, las compras de municiones, transportes aéreos y terrestres, uniformes, chalecos antibala, blindaje de vehículos, salarios, alimentación, mantenimiento y remodelación de instalaciones, cursos teóricos y adiestramiento físico, y toda actividad que generase un gasto. Por todo ello pareció insuficiente, una táctica de distracción, la explicación oficial de la Sedena, antes de que se hiciera el intento siquiera de iniciar una investigación a fondo del asesinato: se trató de un "incidente vial". No se investigó el asesinato. Se le dio carpetazo antes que buscar la verdad, porque podía ser muy incómoda.

En este punto, el general Francisco Gallardo prefiere ir al fondo del problema, según lo observa él:

> En la decisión de que el Ejército participe en tareas de seguridad pública se continúa aplicando una visión de fuerza, de utilización del arma y del poder para someter —o mejor dicho para aniquilar— a un delincuente y no someterlo para presentarlo ante la autoridad civil. En contraparte, hoy tenemos una sistemática vigilancia de la sociedad civil sobre el nulo respeto a los derechos humanos en una guerra que ya arroja 50 mil muertos. No es que antes no existieran, pero por eso ahora podemos estar informados de tantas fosas donde aparecen cientos de cadáveres.

Gallardo insiste en que tanta violencia y tantos ejecutados en el país tienen su origen en la participación de las fuerzas armadas en asuntos de seguridad pública. No hay conocimiento y menos escrutinio de la actuación de los llamados *gizes* que operan clandestinamente y fuera de la Constitución, siempre bajo la tutela del alto mando militar y con el conocimiento pleno de los mandos de las secretarías de Marina y de la Defensa Nacional.

—La misión de Naciones Unidas sobre Desaparición Forzada de Personas concluyó que no toda privación ilegal de la libertad se puede atribuir a la delincuencia organizada, pues hay demasiadas denuncias de que el Ejército y las policías cometen *levantones* o secuestros —le comento durante una entrevista grabada. "Tienen razón. Yo tampoco lo creo. Por supuesto que hay muchas personas inocentes entre los muertos. Muchísimos nada tienen que ver con la delincuencia", me responde Gallardo y apunta más allá: "Yo lo veo más bien como una limpieza social que está ejecutando el Estado mexicano, cumpliendo con una política de Estados Unidos de impedir a toda costa el trasiego de migrantes que quieren llegar, pasando por México, hacia Estados Unidos"

Entonces lo que tenemos, explica, es una implementación de política de *shock*,[1] una política de instalación del miedo para inhibir la protesta social dentro del país y frenar la migración de mexicanos y centroamericanos hacia Estados Unidos: "Tengo conocimiento de casos en que personal militar y delincuentes han dicho ante un juez que ellos saben que hay organizaciones racistas estadounidenses y agentes oficiales que les pagan por migrante ejecutado, desaparecido o que no dejen cruzar la frontera, no importa el método".

Cuando estuvieron en México los integrantes del Grupo de Trabajo de la ONU, lograron entrevistarse con el secretario de la Defensa Guillermo Galván, quien les dio una versión insólita de la militarización de los mandos de seguridad en el nivel estatal: dijo que los militares retirados o con permiso encargados de la seguridad pública en más de la mitad de los estados de la República ya no reportan

[1] El término viene del libro de la canadiense Naomi Klein *La doctrina del shock*, según el cual existe una relación de causalidad entre experimentos psiquiátricos, las técnicas de interrogatorios de la CIA y las políticas de *shock* puestas en acción por distintos gobiernos del mundo. Según Klein, los estados emplean el terror colectivo para doblegar la voluntad de la sociedad civil.

a la Sedena, pues tienen autonomía para sus labores. Gallardo refuta esta afirmación y me comenta enfático:

> Eso no es cierto. Aquí en México sabemos perfectamente bien que aunque esos generales sean retirados o jubilados, según criterio de la Defensa están bajo su tutela porque todavía cobran una pensión del Ejército. Y porque en la práctica nadie puede ser un jefe policiaco en cualquier entidad federativa si no tiene la autorización plena, la aquiescencia del secretario de la Defensa. Es algo más que una recomendación del titular de las Fuerzas Armadas: es una imposición del secretario, que nombra a una persona de sus confianzas como titular de Seguridad en cualquier entidad federativa. Estos generales, aunque tengan licencia, están comisionados bajo la tutela del Estado Mayor Presidencial, pues el Ejército no puede tener dentro de sus filas a personal comisionado. Ello no obsta para que esos militares cobren en dos instancias, en la Sedena y en la dependencia civil donde prestan sus servicios. Jamás se rompe el vínculo de mando con el secretario de la Defensa. Primero le rinden cuentas a él que al gobierno estatal o municipal que los contrató. Allí hay, además, un trastocamiento de los principios de carácter democrático y de la autonomía con que deben desarrollarse las entidades federativas.

Si de por sí era polémico y cumplía casi dos años en análisis en el Congreso de la Unión, el proyecto calderonista de Ley de Seguridad Nacional recibió una herida de muerte en julio de 2011 con la decisión de la Suprema Corte de que toda violación de militares a los derechos humanos de civiles tendrá qué ser juzgada en tribunales ordinarios y no castrenses, como venía ocurriendo durante años aun en contra de la Constitución: "Yo tengo conocimiento de que esta ley fue concebida, dirigida, asesorada y defendida por la sección 5ª del Estado Mayor de la Defensa Nacional. Se trata de planes estratégicos. Esta ley tiene una visión de carácter militar, de privilegiar la fuerza, pero además tiene por objeto dejar en la impunidad todas las violaciones a los derechos humanos que ha cometido la fuerza militar, porque no tiene carácter retroactivo".

Volvemos al tema del ombudsman dentro del Ejército que propuso el general Gallardo hace casi dos décadas y que le costó permanecer en tres cárceles (Campo Militar, Neza Bordo y Chalco) durante ocho años y dos meses, acosado por 15 averiguaciones previas y nueve causas penales. El caso provocó un escándalo mundial y llegó a la Comisión Interamericana de Derechos Humanos. Finalmente, el presidente Vicente Fox autorizó que Gallardo fuera liberado. No se le ha reparado el daño en más de un lustro y tampoco se le han cubierto los salarios y prestaciones a los que tiene derecho una vez declarado inocente. Le pregunto qué propondría hoy al respecto: "Creo que sigue vigente y de gran relevancia la creación del ombudsman militar. Si bien puede constituirse en una defensoría de los derechos de los militares y civiles, sería sobre todo una institución del Congreso que permitiría tener bajo escrutinio el ejercicio del mando, la distribución del presupuesto y los derechos humanos en el Ejército, un esquema legal en donde el poder militar esté subordinado al civil".

—Pero ya hay una dirección de Derechos Humanos en la Sedena —comienzo a decir. Gallardo replica:

> La dirección de Derechos Humanos del Ejército fue una vacilada, una gran tomadura de pelo que se inventó el secretario de la Defensa para taparle el ojo al macho, para descargar allí y desviar las acusaciones que le hacen a él por ser uno de los principales violadores de los derechos humanos. En las circunstancias actuales, sería muy recomendable que el ombudsman se creara y así el Congreso de la Unión tuviera una oficina especializada, un enlace directo con la institución armada, un vínculo de supervisión.

La otra propuesta es nombrar un secretario de la Defensa civil: que se abrogaran el Estado Mayor y el fuero de guerra, que el servicio militar nacional pase de obligatorio a voluntario. "Con eso tendríamos un Ejército que se aboque únicamente a la defensa nacional y ya deje de cumplir labores de policía".

—¿Qué se puede decir de la Marina, institución que el gobierno de Estados Unidos seleccionó para sustituir al Ejército en muchas operaciones antinarco, sobre todo a partir de la persecución y muerte de Arturo Beltrán Leyva?

Responde el general: "La Marina ya está inmersa en desapariciones de ciudadanos. La Marina sólo está produciendo muertos y desaparecidos".

Todo tiene que ver con la firma del Acuerdo de Seguridad para América del Norte (ASPAN), que comienza con el tema energético, explica Gallardo. En una visita que hizo en 1996 el secretario de la Defensa de Estados Unidos dijo que aquí hacía falta el tercer vínculo, porque ya existían los de carácter político y económico (ASPAN y TLC), y faltaban las fuerzas armadas.

> La firma del ASPAN y la participación de Estados Unidos a través de la Iniciativa Mérida, desde mi punto de vista, colapsan el sistema de seguridad y de defensa del Estado mexicano, someten a las fuerzas armadas mexicanas a los mandos del Pentágono y convierten al Ejército mexicano en una policía nacional y en un Ejército de ocupación que tiene por objeto someter a la sociedad a través de una política de *shock* o de miedo para que esta sociedad no pueda protestar por la política que se está aplicando, una política neoliberal que tiene de trasfondo la ocupación de territorios por parte de Estados Unidos para la extracción indiscriminada de recursos estratégicos: me refiero al petróleo, al agua, a los bancos de biodiversidad.

En este análisis con visión internacional, para el general Francisco Gallardo el combate al narcotráfico no viene a ser sino un pretexto, una hipótesis de guerra del Pentágono y el Departamento de Estado para mantener su presencia en todo el mundo, específicamente en América Latina y sobre todo en México, a través de la Iniciativa Mérida. Gallardo no se sorprende cuando le doy datos duros de que se entrena a miles de militares y policías mexicanos en territorio colombiano. Agrega de su cosecha: "Pero además lo hacen en bases estadounidenses". Sin embargo, prefiere hacer una puntualización: si bien es cierto que Colombia permite la instalación de bases militares de Estados Unidos en su propio territorio, resulta más peligrosa la presencia de los agentes estadounidenses en México, porque tiene que ver con una integración de las políticas de los gobiernos, con la intromisión del país del norte en asuntos de carácter jurídico, del arraigo, de las leyes penales donde se establece el delito de terrorismo, con la modificación de las estructuras de justicia, con un sometimiento de las fuerzas armadas a los mandos del Pentágono y el control de los servicios de inteligencia en México, con la instauración de los juicios orales y muchas injerencias más. En el caso de nuestro país se trata de una política de integración de carácter más profundo, porque fatalmente compartimos una frontera de 3200 kilómetros con la potencia mundial.

México, a través de la Iniciativa Mérida, acepta ser parte de la contención de la seguridad interior de Estados Unidos y Canadá en relación con Centroamérica. Eso se pactó desde el Tratado de Libre Comercio, pero se profundizó con el ASPAN, que es como un TLC *plus*. Y bueno, dice, "el círculo se concreta y se cierra con la Iniciativa Mérida. A mí lo que me preocupa es que el Congreso de la Unión no contrapese al Poder Ejecutivo en su rama militar, ni tampoco revise los acuerdos internacionales que hace el Ejército con otros ejércitos y con Estados Unidos en donde abiertamente compromete la soberanía".

Cuando conversamos por tercera ocasión en julio, acababa de publicarse en *El Universal* un reporte acerca de las industrias que han sido beneficiadas con la guerra contra la droga, cinco de las cuales se llevaron ya contratos por 170.6 millones de dólares —Dyncorp, Lockeed Martin, Raytheon, ITT y ARINC—, de acuerdo con el Subcomité de Seguridad Interna del Senado de Estados Unidos. Otras beneficiarias menos visibles, tal vez, son las mismas que hicieron negocio con su asesoría al Ejército mexicano sobre el conflicto de Chiapas después de 1994. *Compañías a la sombra* se llama la película de Nick Blanic sobre empresas como Blackwater y Sycoleman Corporation, que operan en México como lo han hecho en la guerra de Irak, aquí con el pretexto del combate al narcotráfico, y bajo la cobertura política y económica del ASPAN y la Iniciativa Mérida.

Se habla de que las cinco empresas mencionadas por el Senado habrían amarrado 57 por ciento del pastel de 3100 millones de dólares que el gobierno de Estados Unidos destinó a la lucha antidrogas en toda América Latina en cinco años. La senadora Claire McCaskill reportó que el gasto anual de su gobierno en contratos antinarco en países latinoamericanos se incrementó 32 por ciento de 2005 a 2009 (de 482 a 635.8 millones de dólares, pero sigue elevándose aún por el pico que representó 2008, con 715 millones). Ya en febrero habían asomado datos respecto de que 70 por ciento de los montos autorizados de la Iniciativa Mérida, para transferencia de equipo y tecnología que ayudase al gobierno de México en la lucha contra el crimen organizado, estaban contratados ya. Empresas como Bell, North Rop Grumman Corp, Dyncorp, Cessna y Harris tenían ya encargos para fabricar equipos, entre los que se cuentan helicópteros, aparatos de rayos X para detectar drogas y materiales explosivos, software, radares, mejoras en las redes de comunicaciones de agencias policiales y laboratorios forenses, entre otros.

Había fondos asignados para capacitar a policías dentro del Proyecto de la Cultura de la Legalidad, con sede en Washington, pero también para entrenar policías y soldados mexicanos en Colombia. A finales de 2009 el gobierno estadounidense entregó al mexicano cinco helicópteros Bell. En la práctica, montos importantes de la Iniciativa Mérida se traducen en subsidios directos a empresas que dan los servicios, explicó Tony Payán, investigador de la Universidad de El Paso. México ya había recibido 30 vehículos blindados y con equipo especial, además de escáneres de iones para detección de drogas; después vendrían tres helicópteros Black Hawk, similares a los que había adquirido la Secretaría de Seguridad Pública federal por un monto de 43 millones de dólares.

Mientras que los órganos de inteligencia del país vecino se sacudieron por el escándalo del operativo "Rápido y furioso" —mediante el cual permitieron el paso de unas dos mil armas a México para supuestamente "dar seguimiento" al arsenal y capturar a traficantes (cosa que nunca ocurrió)—, se descubre que ya está perfectamente instalada aquí la agencia estadounidense de espionaje más grande del mundo, en Paseo de la Reforma, casi frente a la columna de la Independencia. No deja de ser un mensaje más que subliminal: "muy sugerente", dice Gallardo.

8

Tortura, muerte y "botín de guerra"

Hay un sitio destinado para la tortura de civiles en la 24ª Zona Militar de Cuernavaca, Morelos. En el área de carpintería y herrería varios oficiales del 21 Batallón de Infantería golpearon e interrogaron al joven ingeniero mecánico Jethro Ramsés Sánchez Santana la noche del 1 al 2 de mayo de 2011. Se les pasó la mano y murió. Entonces el alto mando ordenó "tirarlo" y así se hizo: en el vehículo oficial 0821307 conducida por el teniente Rafael Albañil Farías, un grupo de soldados llevó el cadáver hasta un solitario paraje conocido como La Ocotera, en Atlixco, Puebla. Mal cavaron de prisa un hoyo en la tierra, desnudaron el cuerpo y lo inhumaron clandestinamente. Ya de regreso, en la carretera, tiraron por la ventanilla la playera de los Pumas y las demás ropas que vestía Jethro.

Constan testimonios de soldados en la averiguación previa SC/180/2011/V, iniciada por el agente quinto penal de la Procuraduría General de Justicia Militar, que esos talleres suelen ser el sitio "que con frecuencia utilizan los oficiales para interrogar a las personas detenidas e involucradas con la delincuencia organizada".

Durante dos meses, autoridades y mandos negaron que Jethro Ramsés y su amigo Horacio Cervantes Demesa hubiesen estado en instalaciones militares. Este último logró salvar la vida y fue abandonado en una brecha terregosa rumbo a Xochitepec, Morelos, el 2 de mayo, cuando ya Jethro Ramsés estaba muerto. En medio de convulsiones, este último joven de 26 años se broncoaspiró y murió asfixiado cuando lo dejaron *descansar* de la tortura en la parte trasera de un transporte militar.

Por esta detención ilegal, tortura, muerte e inhumación clandestina estaban detenidos, en julio, los tenientes José Guadalupe Orizaga y Marco Antonio Legorreta Álvarez, al igual que el subteniente de infantería Edwin Raziel Aguilar Guerrero. Pero había muchos otros oficiales involucrados, particularmente el coronel y jefe del 21 Batallón, José Guadalupe Arias Agredano, y su brazo derecho, el teniente Pedro Santiago Chávez. Estos oficiales, más el teniente Rafael Albañil, fueron llamados a comparecer en el Campo Militar Número Uno, en los límites del Distrito Federal y el Estado de México; cuando terminaba julio y ellos no aparecían, se les dio por prófugos o desaparecidos.

El caso de Jethro reúne todos los elementos probatorios de la actuación irregular de soldados y oficiales, que se repiten hasta la náusea en cualquier otra zona militar del país. En esa misma tesitura de violación de todos los derechos humanos de civiles, con el pretexto de que se trata de traficantes de droga, sicarios, mandos, *halcones*, narcomenudistas, criminales, integrantes de algún grupo de delincuencia organizada, se han involucrado en meses y años recientes, al igual que los soldados, ahora infantes de Marina y elementos de la Fuerza Aérea. Los hechos:

- A Jethro y a Horacio los detuvieron policías municipales en la Feria de Cuernavaca, que luego se los entregaron a policías federales y éstos terminaron por ceder la custodia del par de civiles a los militares. Tal cual si viviéramos en un estado de sitio permanente o en una dictadura castrense.
- Los jóvenes fueron llevados a una instalación militar, en donde se les torturó. Horacio fue abandonado con vida en una brecha solitaria y Jethro murió dentro de las instalaciones castrenses, pero su cadáver fue llevado a muchos kilómetros fuera del estado de Morelos, hasta Atlixco, Puebla, para ocultar el crimen del que fue objeto. Ni más ni menos que un *falso positivo* abandonado en otra jurisdicción.
- Los jefes del 21 Batallón de Infantería aprovecharon esta muerte, que se intentó ocultar con la inhumación clandestina, para

castigar y acusar falsamente a ciertos oficiales poco gratos al mando y de paso encubrir a los verdaderos culpables, los incondicionales del coronel Arias Agredano, en un esquema de venganzas internas muy usual entre militares y policías durante décadas.

- Esta manipulación de las investigaciones propició que salieran a la luz escandalosas corruptelas de los jerarcas de la milicia, que tal vez jamás habrían sido conocidas de no ser por el coraje y la impotencia que experimentaron, ya ante el MP militar, algunos falsos acusados.

Comencemos por el final: entre los tres primeros oficiales detenidos el 30 de junio como presuntos responsables de violencia contra las personas, tortura y homicidio, debió comparecer el teniente Marco Antonio Legorreta Álvarez. Aunque ninguno de los testigos en la averiguación del fuero castrense lo mencionaba, sí había involucramiento del teniente en los delitos, según aseguraban el informe y las pruebas de cargo que habían elaborado para el MP militar investigadores de la propia Sedena. (En apariencia, el teniente estaba siendo víctima de eso que llaman *empapelar* o *embarrar* en el argot de los litigantes.)

La reacción defensiva del teniente Legorreta consistió en revelar los manejos corruptos de sus jefes, el coronel José Guadalupe Arias Agredano y el teniente Pedro Santiago Chávez. Estos mandos actuaban como socios y cómplices. En los reportes de operativos ordenaban omitir el decomiso de automóviles, motocicletas, dinero y otros valores para quedarse con ellos. El indignado coronel los delató con pelos y señales, puso sobre la mesa ejemplos concretos, irrefutables en cuanto se registraran las propiedades de los mandos superiores.

El 5 de noviembre de 2010, en Tezontepec, Morelos, se detuvo a una jovencita menor de edad, supuesta novia del traficante Julio Radilla, *El Negro* (al que casi medio año después la autoridad detuvo por el secuestro y asesinato de siete ciudadanos, entre ellos Juan Francisco Sicilia). En esa ocasión se incautaron armas, vehículos y droga, pero los militares no reportaron una moto Honda, la cual días después estaba estacionada en instalaciones del propio Batallón; la ostentaba como su propiedad el teniente Santiago Chávez. Cuando fue aprehendido Víctor Manuel Valdés Arteaga, "un vehículo Jetta no había sido puesto a disposición y se lo había quedado el teniente Santiago Chávez". También había una camioneta BMW y "se la quedó el coronel Arias Agredano".

Estos dos mandos militares se apropiaban de los bienes utilizando a Grúas Hidalgo, empresa que pertenecía a la familia de la compañera sentimental del teniente Santiago Chávez, una joven a quien nombran *La Tijuanita*. Por dejar el negocio a los familiares políticos, de pronto desplazaron y dejaron de contratar a Grúas Ocra. Arias y Santiago Chávez también se quedaron con 150 mil pesos en efectivo en un doble arresto en el sur de Cuernavaca, según consta en las actas del MP militar.

El "botín de guerra" es el incentivo no legalizado para altos mandos militares, quienes a su vez lo administran como sistema de premios y castigos para sus subordinados. Quienes son incondicionales, leales hasta la ignominia, pueden perpetrar cateos ilegales y tomar el botín que deseen. De hecho la tropa no tiene limitación alguna para ejercer el derecho de la fuerza y cometer abusos cotidianos al catear domicilios, oficinas, empresas y vehículos de donde se puede llevar lo que se le antoje o, en su defecto (si esos son su intención e interés en el momento para mostrar *éxito* en algún operativo), sembrar drogas o armas.

Todo el asunto comenzó con la falsa alarma de que habían sido detenidos un par de individuos que se decían integrantes de una organización criminal (algunos medios publicaron que del Cártel del Pacífico Sur, pero en actas ministeriales aparece que de La Familia Michoacana, lo cual habla de que se trató, ni más ni menos, que de justificaciones mediáticas o ministeriales). Un supuesto telefonema hizo que se movilizara la fuerza de reacción del 21 Batallón de Infantería de la 24ª Zona Militar de Cuernavaca, la cual llegó en tres unidades, las números 0821303, 0821307 y 0821362, hasta la Feria de Cuernavaca el 1 de mayo.

Al frente de la tropa iban los tenientes José Guadalupe Orizaga y Guerra, Marco Antonio Legorreta Álvarez, "mejor conocido como *El Vampiro*", y el subteniente de Infantería Edwin Raziel Aguilar Guerrero, según se asienta en el informe de investigación de los comisionados por la Secretaría de la Defensa, presentado el 30 de junio a las 14:15 horas en la Quinta Agencia del Ministerio Público Militar.

Las unidades retornaron al cuartel por la noche, y el primero en ser interrogado en el taller de herrería y carpintería fue Jethro, mientras su amigo Horacio Cervantes Demesa estaba esposado y vendado en la batea de un transporte militar. Según el reporte de investigación interno de la Defensa, en el interrogatorio y tortura participaron los dos tenientes y el subteniente mencionados, y "al parecer presenció los hechos el soldado de sanidad Miguel Ángel Torres Flores". (Este último lo negó y ofreció pruebas de que estaba fuera de la ciudad cumpliendo una comisión.) Los oficiales sacaron a Jethro para que "descansara" de la tortura. Lo sentaron en la parte posterior de un transporte militar mientras se disponían a interrogar de la misma manera a Horacio. Pero ocurrió algo inesperado que cambió el panorama: "Por los golpes que los oficiales le propinaron al civil Sánchez Santana, y aunado al estado de ebriedad en que se encontraba, se comenzó a convulsionar (broncoaspirarse), perdiendo la vida al instante", consigna el informe entregado al MP castrense.

Prolijo en detalles, el reporte asegura que el soldado de sanidad Torres Flores (quien luego lo negara) le brindó primeros auxilios "sin éxito". Luego alguien llamó al sargento Víctor Amezcua, "el cual tampoco pudo hacer nada", y finalmente se recurrió al subteniente de sanidad René Avendaño Ruiz, quien informó que "el civil que estaban interrogando" tenía aproximadamente 30 minutos de haber muerto y por ello daría parte al médico del Batallón. Según la acusación, los tres oficiales implicados en la muerte de Jethro amenazaron de muerte al subteniente Avendaño Ruiz si reportaba el asunto. De momento fingió obedecer, pero al día siguiente informó del deceso y de las condiciones en que ocurrió. A las pocas horas, casi todos los elementos del Batallón sabían la historia completa y la comentaban.

Hubo testigos directos, como el soldado de Infantería Christian Andrade Rodríguez, quien detalló horarios de los acontecimientos: entre 18:30 y 18:40 horas se recibió la llamada de la Policía Federal (también se difundió que fueron agentes de la SIEDO) en la que se reportaba la detención de dos supuestos integrantes del cártel de La Familia Michoacana en la Feria de Cuernavaca. Una hora después llegaron a la Feria y volvieron al cuartel cerca de las 21 horas, "dirigiéndose inmediatamente al área de carpintería y herrería" con los dos civiles, que fueron bajados de las camionetas. Se les mantuvo un rato hincados, vendados, con las manos amarradas y se les interrogó sobre sus datos personales. Dijo el soldado testigo:

> El civil que metieron primero a la herrería fue el de la playera de Pumas [Jethro], observando que también se metió el teniente Legorreta, el cual iba de civil, comenzando a escuchar gritos muy fuertes, como de dolor, y el civil que se quedó afuera [Horacio] decía que qué les estaban haciendo, si ellos eran gente de bien. Pasando como media hora de que estaba gritando y de repente no se escuchó nada, y observé que sacaron al civil de la playera de Pumas todavía caminando; quien lo sacó fue el teniente Legorreta y me dijo que lo cuidara mientras metía al otro civil a la herrería.

A Jethro lo sentaron en la parte trasera de uno de los transportes militares. Pronto comenzó a convulsionarse y murió. Se intentó reanimarlo inútilmente. Los oficiales ordenaron retirarse a todo el personal de tropa que estaba en las cercanías. El soldado Christian Andrade fue testigo de cómo el cadáver de Jethro era subido al vehículo 0821307, mientras le ordenaban conducir la unidad 0821303, donde se llevaron a Horacio. En este vehículo iba al mando el teniente de apellido Albañil, quien le ordenó a Christian encaminarse hacia el municipio de Xochitepec, "para luego internarse en un una brecha de terracería con luces apagadas; enseguida escuchó cómo el teniente Albañil mandó bajar al civil y [ordenar] que éste caminara en sentido contrario. De inmediato retornaron a la 24ª Zona Militar. Ya en la instalaciones del 21 Batallón vio cómo Rafael Albañil, Orizaga, Raziel Aguilar y Legorreta Álvarez subieron a la unidad donde estaba el cuerpo de Jethro y salieron de las instalaciones con rumbo desconocido".

El testigo soldado narró cómo al día siguiente el teniente Orizaga le entregó las llaves de la camioneta, y él pudo constatar que había residuos de lodo y pino,

> [...] y que el odómetro marcaba que la unidad había recorrido más de 400 kilómetros en las últimas horas. Posteriormente, el teniente Orizaga nos reunió al personal de tropa, para decirnos que lo que había pasado eran gajes del oficio y que aguantáramos cuando hubiera pedo [*sic*], sin que nadie dijera nada, recordando que aproximadamente a los ocho días salió en el periódico y las noticia locales que había desaparecido un joven de las instalaciones de la Feria de la Flor [...], escuchando rumores de que era la persona del que se les había pasado la mano.

Abogados y organizaciones ciudadanas defensoras de los derechos humanos pugnaban por hacer que el caso de Jethro se convirtiera en el primero en ser transferido del fuero castrense al civil, después de la decisión de la Suprema Corte de Justicia de la Nación de que delitos cometidos por militares contra civiles fueran juzgados en el fuero común. Confiaban en que, dado que el asunto era tan paradigmático y evidente a partir de la confesión de algunos de los perpetradores de los abusos —que por cierto alegaron "órdenes del alto mando", algo así como la "obediencia debida" que invocaban los militares argentinos en tiempos de la dictadura en los setenta y ochenta—, ya no debería ser juzgado por la misma instancia violadora.

El subteniente Edwin Raziel Aguilar exageró al culpar a los policías de Cuernavaca de haberles entregado ya virtualmente moribundo a Jethro. Según él, cuando llegó la tropa los dos jóvenes estaban "arrodillados y golpeados" en medio de las patrullas, "mientras oía en la frecuencia de radio de los vehículos de la policía que había alarma; que los amenazaban de que los iban a matar y que iban a rescatar a los detenidos". Para salvar el pellejo, Aguilar afirmó que él se quedó a custodiar a Horacio mientras Jethro era interrogado, aunque nunca mencionó torturas o gritos.

El testigo Christian contó cómo el teniente Rafael Albañil condujo el transporte militar en el que iba el cadáver de Jethro durante más de una hora por la carretera hasta llegar a un camino vecinal. "Cuando salimos de la carretera encontramos un terreno despejado, al parecer despoblado, en donde depositamos el cuerpo. Estuvimos apoyándonos entre los tres oficiales para excavar con una pala y un pico, alumbrándonos con una lámpara en mano; al momento de enterrar el cuerpo lo desnudamos y posteriormente depositamos en el lugar que excavamos, desconociendo cuál fue el destino de las prendas del civil".

La prueba de que el coronel Arias estuvo al tanto de todo lo ocurrido es que el teniente Orizaga le fue a informar personalmente que Jethro admitía tener "casas de seguridad" cerca de su domicilio. De regreso a la zona de herrería, un soldado le informó que uno de los civiles detenidos "ya no tenía pulso", por lo que regresó a dar parte de la situación al coronel Arias. El jefe del batallón "movió la cabeza en sentido negativo y se fue de regreso a la comandancia diciéndome: '¡Tíralo!' ", declaró Orizaga. El relato de cómo se fueron a deshacer del cuerpo de Jethro coincide con el resto de las declaraciones, excepto que Orizaga admitió que fue él quien arrojó por la ventanilla una a una las prendas que vestía la víctima cuando regresaban de Puebla a Morelos. El coronel José Guadalupe Arias Agredano fue informado por el teniente Guerra de que "ya había tirado el cuerpo del civil, contestándome que estaba bien, sin mencionar nada más".

El teniente Legorreta negó toda participación en estos delitos, pues había pasado la noche con su pareja sentimental en un hotel Holiday Inn. Asegura que regresó al Batallón a las 9 de la mañana del día siguiente y entonces se encontró con el teniente Orizaga, quien le comenzó a contar lo que había ocurrido horas antes: "Me aborda el teniente José Guadalupe Orizaga y Guerra, saludándome y manifestándome: '¿Dónde anduviste ayer?', contestándole que anduve checando una denuncia. Me relató entonces: 'Ayer hubo pedo, trabajé a un güey y se me fue', por lo que yo le contesto: 'A mí no me cuente sus chingaderas', por lo que al ver mi reacción no mencionó más".

El mismo mes de julio, cuando en Morelos se revelaban estos abusos extremos de los militares, en Veracruz *Notiver* publicaba cómo elementos del Ejército y de la Armada secuestraron a dos jovencitos el miércoles 13, a las doce del día, en la colonia Fernando López Arias. Los subieron a vehículos oficiales y los llevaron a una zona despoblada en donde los golpearon con una tabla en los glúteos (idéntico método descrito por migrantes centroamericanos cuando han sido capturados y torturados por presuntos Zetas en Oaxaca, Veracruz o Coahuila), para hacerlos confesar que eran vendedores de droga.

Carlos Jhovany López Hernández, de 22 años, es empleado de la tienda Price Shoes y Adrián Castellanos Villegas, de 19 años, es pintor. Iban caminando por la calle cuando fueron amagados por militares en traje de camuflaje, encapuchados, con chalecos antibala y armas largas. "Ahora sí se los llevó la chingada", fue lo primero que escucharon. Tirados en la batea del transporte militar, fueron pateados constantemente. Después de propinarles una paliza con tablas hasta dejar casi sangrando las nalgas de los jóvenes, los militares le arrancaron las uñas de la mano derecha a Adrián, quien gritaba desesperado, pero ello no impidió que además le tasajearan brazos y piernas con cuchillos o bayonetas. Cada uno tenía su propio empleo, eran trabajadores y no vendedores de drogas, les decían a sus verdugos, pero los uniformados seguían con la tortura. Al no conseguir una confesión, los militares volvieron a subir a los jóvenes a los transportes y los fueron a tirar a orillas de la carretera que va a Cardel, con la amenaza de que no hicieran denuncia alguna, pues los buscarían y les iría peor. Se publicaron en diarios locales fotos de los tablazos en los glúteos, las heridas cortantes y las uñas arrancadas, y las víctimas levantaron denuncias ante la Comisión de Derechos Humanos y ante el Ministerio Público.

Ocurrió lo mismo a un ayudante de albañil, Julio Adrián Aguilar Díaz, de 25 años de edad, cuando caminaba cerca de la caseta de cobro de la autopista que va de Veracruz a Córdoba, a las cuatro de la tarde del 4 de julio. Igualmente fue capturado y golpeado por militares que se cubrían el rostro con pasamontañas; lo fueron a tirar semidesnudo bajo el distribuidor vial conocido como Cabeza Olmeca, de donde lo recogió una persona que lo condujo al hospital de la Cruz Roja.

El 20 de marzo anterior, *La Jornada Veracruz* reportó bloqueos y protestas contra las fuerzas armadas en los que participaron jóvenes inconformes por el acoso de los militares en colonias marginadas del puerto y de Boca del Río. También publicó fotos de mantas que aludían a los abusos de marinos y soldados. Los inconformes no dieron sus nombres por temor a represalias, pero se plantaron afuera de las instalaciones del batallón militar de La Boticaria. Llevaban fotos de víctimas con los glúteos amoratados, agrietados o reventados y con los genitales atrofiados a golpes o lastimados con pinzas. Se denunció que cada vez son más frecuentes los rondines en colonias populares en donde son llevadas dos, tres o cuatro personas, las cuales aparecen horas o días más tarde salvajemente golpeadas. "Eso si vuelven a aparecer con vida, porque en los interrogatorios han muerto varios y entonces los botan en cualquier sitio, como en Las Bajadas, o los queman, como a un investigador de la Universidad Veracruzana en Xalapa. Siempre se trata de achacar el asesinato a la criminalidad organizada", indicaron jóvenes que prefirieron el anonimato.

Las mantas hablaban por sí mismas: "No más secuestros y torturas y robos de los marinos"; "Queremos seguridad en las calles, salir sin miedo"; "Los militares golpean a inocentes y aterrorizan en el centro y apuntan con sus armas". Una protesta llevó al cierre de la carretera Veracruz-Xalapa frente a la Base Aeronaval de Las Bajadas: "¿Quién castiga los abusos de los militares?"; "Golpean y lesionan y roban las casas"; "¿De esta manera ofrecen seguridad, robando y torturando?"; "Castigo a los únicos que violentan el derecho de las personas".

9

“Busquen en Veracruz, hay más fosas”

Comenzó diciéndolo de los migrantes centroamericanos, los más pobres entre los pobres que, al pasar por territorio mexicano, son secuestrados, torturados, extorsionados, obligados a servir a la delincuencia organizada o incluso asesinados, porque se han convertido en “simple mercancía”. Pero el padre Alejandro Solalinde, director del albergue Hermanos en el Camino, en Ixtepec, Oaxaca, se enmienda la plana a sí mismo: “Ya ahorita todas las personas, ya no importa si somos ricos o pobres, ya no importa ninguna consideración, ninguna condición ni clasificación, todos somos mercancía. Todos somos secuestrables y tenemos un precio. Nunca habíamos visto una degradación así; es lo más triste y lamentable que ocurre en muchos sitios del país”.

Aunque me encuentro en varias ocasiones al padre Solalinde en la ciudad de México, es por teléfono, desde Xalapa, como pronuncia estas graves palabras. Acaba de entrevistarse con el gobernador priista de Veracruz Javier Duarte, y con su secretario de Gobierno el ex panista Gerardo Buganza, este último montado en su macho de que “solamente fueron cinco” los migrantes centroamericanos secuestrados en Medias Aguas a finales de junio. Porque Solalinde denunció que fueron entre 60 y 80 bajados a la fuerza del tren de carga apodado *La Bestia* y llevados con rumbo desconocido en *camionetones* previamente despojados de sus asientos de lujo, para que cupieran los más secuestrados posibles.

—Después de entrevistarse con el gobernador Duarte, ¿insiste usted en que hay más fosas y más cadáveres enterrados en Veracruz que en Tamaulipas?

"Por supuesto que insisto", me responde Solalinde. "Yo le dije al presidente y al gobernador que había qué buscar en un sitio específico de Veracruz, donde la delincuencia tiene todo tipo de instrumentos para deshacerse de los indocumentados, enterrarlos, cortarlos en pedacitos, disolverlos en ácido, quemarlos en tambos. Se lo comenté a los obispos de la región y uno de ellos me dijo: 'No es un solo sitio, son dos' ".

Solalinde tiene testimonios de migrantes que han sobrevivido en esos campos. Igualmente le han llegado testigos de la tragedia de San Fernando, Tamaulipas, y de secuestros masivos en el istmo de Tehuantepec, en Veracruz o en el trayecto que sigue hacia el norte. En una ocasión le dijo a Adriana Jarrín, de *Europa Zapatista*, que las mafias marcan a sus víctimas, las llevan a casas de seguridad "y allí las reparten para toda la industria: trata para explotación sexual o laboral, tráfico de drogas, tráfico de órganos. Ahí tienen para todo. Perdón por la comparación, no quiero ser ofensivo, pero es como una vaca que entra al rastro y se ha de aprovechar en toda sus partes. Del migrante todo es aprovechable". Aunque se nombren secuestros, es algo más cruel, porque a veces ni con un pago los liberan. "Al ser tantas las víctimas, tienen técnicas para desaparecerlas y que no haya acumulación de cadáveres. Una de esas formas es descuartizarlos y ponerlos en recipientes de 200 litros con diesel hasta que se consuman; también los echan a pozos, lo entierran en fosas y a otros les echan ácido, cualquier forma de desaparecer el cuerpo del delito".

No es nada más Solalinde quien afirma esto. Organizaciones civiles mexicanas y centroamericanas escribieron en vísperas de la llegada a México de una misión de la Comisión Interamericana de Derechos Humanos (CIDH):

> El estado de Veracruz ha sido pionero: se ha convertido en lugar de referencia en cuanto a secuestros y agresiones cometidas en contra del flujo migratorio en tránsito por sus localidades. La población civil de este estado también se encuentra paralizada por la impunidad. Las autoridades han desplazado la obligación de velar por el bienestar social y la justicia, a favor de los intereses del crimen organizado. La sociedad

> veracruzana se encuentra hoy en un alarmante estado de desamparo. El simple hecho de pronunciar la palabra *Zeta* puede ser motivo de persecución, extorsión e incluso la muerte.

Entre esas organizaciones están albergues, alianzas de braceros en Estados Unidos, comités de familiares de fallecidos y desaparecidos de El Salvador, la Mesa para las Migraciones de Guatemala, el Comité de Derechos Humanos para Inmigrantes en Minnesota y muchas más. "El origen de los secuestros de los migrantes en México está vinculado con los territorios controlados por el crimen organizado, principalmente en los estados de Tamaulipas, Tabasco y Veracruz". Y siempre aparecen la complicidad y el encubrimiento de autoridades de los tres niveles de gobierno, lo que "ha convertido estos sitios en tierras sin ley", decían ellos mismos en un documento-denuncia antes de la llegada de los enviados de la CIDH; en México ocurren cada vez más secuestros masivos, "siempre bajo la opacidad de una autoridad omisa, insensible y sin vocación ni preparación para enfrentar al crimen organizado".

En el sitio de internet de la caravana Paso a Paso por la Paz aparece el testimonio de una migrante hondureña que fue secuestrada con otros indocumentados. Ella narra cómo agentes de Migración los capturaron para después simplemente entregarlos a Los Zetas.

—¿A los migrantes también se les puede llamar víctimas colaterales?

Responde Solalinde:

> Yo lo primero que podría decir, y se lo diría al presidente, es que esta guerra es "su guerra". Todos nosotros por supuesto que estamos contra la delincuencia organizada, y es claro que no queremos este México violento, corrompido, impune y delictivo, pero esa guerra la hizo él sin nosotros. Y la sigue haciendo sin nosotros. No se apoyó en la sociedad civil. No es una estrategia que parta de abajo. Nosotros pintamos nuestra raya. Por lo demás, no hay víctimas colaterales. Hay responsables. Si yo tengo una estrategia mal planteada, obviamente yo soy responsable

de los resultados. El presidente es el responsable de las bajas que él mismo llama colaterales.

—¿Qué significa el hallazgo de 480 cuerpos inhumados clandestinamente, casi todos sin identificar? —pregunto a Solalinde. El sacerdote no alza la voz, no hace aspavientos:

> Significa algo muy doloroso, que habla también del hecho de que esos cientos de víctimas no son narcotraficantes ni están en *narcofosas*. Son fosas de migrantes centroamericanos y mexicanos. Hay algo que me dijo el gobernador Duarte: que ahora Los Zetas están reclutando aquí [en Veracruz] a quienes escogen para sicarios y se los llevan a otros estados. Y el que se niega, ya sabe la respuesta: lo liquidan. Lo acabo de decir: no importa si los cuerpos en las fosas de Tamaulipas son migrantes centroamericanos o mexicanos. Son gente que está siendo asesinada por la delincuencia organizada. ¿Por qué los matan? Pues porque no quieren pasarse con ellos o no les significan un negocio. Y cuando digo delincuencia organizada no es en seco, desligándola de los funcionarios públicos o de los policías. Yo digo delincuencia organizada y hablo de autoridades y policías que están metidas también allí.

No es que sea desconfiado de natural, pero al padre Solalinde ya lo han encarcelado, le han querido levantar acusaciones judiciales falsas, lo han amenazado y hostigado en no menos de ocho ocasiones. "Vamos a ver. Vamos a calarlos", me dice respecto de la promesa del gobernador Duarte de velar más por la seguridad de los indocumentados en tierras veracruzanas y de proporcionarle a Solalinde un interlocutor confiable "para darle la información que tenemos y que empiecen a buscar allí". Efectivamente, el gobernador no soslayó ningún tema: reconoció que hay infiltración en los mandos oficiales, pero ya ha corrido a mucha gente. "La diferencia entre Calderón y él es que el gobernador me dijo: 'Yo necesito que me ayuden'".

—¿Qué país tenemos hoy? ¿Qué país le vamos a dejar a las nuevas generaciones?

Te lo voy a decir con una metáfora que me expuso un policía de la SIEDO. ¿Qué podemos hacer para enfriar a México? Uno de ellos me dijo: "Padre, eso solamente puede ser poco a poco, porque si se hace rápido va a pasar lo que con un cristal que está caliente, le ponen agua fría y se va a estrellar". Para que México baje sus niveles de deshumanización, de secuestro, narcotráfico, violaciones, agravios a los derechos humanos, corrupción política, para la recuperación de la vocación de los servidores públicos, para retomar la filosofía de la educación, para retomar la misión de la Iglesia católica que es evangelizar, se necesita tiempo. Aquí entra la educación. Lo único que puede enfriar a México es la educación en todos los ámbitos. Inclusive la Iglesia tiene que dar un giro de 180 grados para poner prioridad en la educación en la fe.

—El problema no es nacional.

Claro, el narcotráfico es trasnacional. Lo que pienso que ayudaría al Estado mexicano, y no lo va a hacer la persona que está ahorita [en Los Pinos], es tener estrategias de desarrollo integral en Centroamérica, desde Nicaragua para acá, en cuanto a migrantes, para que no tengan que salir de sus países. Tendríamos que hacer un bloque con México como hermano mayor con una visión de Centroamérica para que haya desarrollo para todos, empezando por los más débiles que son Nicaragua y Honduras, pero también Guatemala y El Salvador. Ayudarlos, potenciarlos. Que luego vengan ayudas, pero en el nivel regional. Hay que exigir infraestructura para que haya producción, que accedamos a un mejor nivel de vida, que le pongamos un coto al capital financiero depredador, degenerado y traidor, al que finalmente no le importamos nada: cuando se le pega la gana se larga y se lleva todo. Que pongamos un coto a la explotación. Queremos una economía más compartida. También un coto a la concentración exagerada de bienes, a las concentraciones inhumanas de riqueza. Que no haya otro [Carlos] Slim en la región".

Al padre Solalinde se le otorgaron medidas cautelares a petición de la CIDH, después de que el 10 de enero de 2007 el comandante de policía de Ixtepec, Oaxaca, acompañado por decenas de elementos, lo capturara junto con 18 migrantes; a todos los metieron en una sola celda de la prisión local. Pero en realidad ha recibido casi otra decena de atentados y amenazas:

Me han golpeado, me han arrestado e incluso han querido quemarme. La lucha ha sido muy grande. Se unió el gobernador [entonces Ulises Ruiz] con los presidentes municipales para no dejar que pusiera el albergue. Fui detenido cuando descubrimos el sexto secuestro masivo. Un ex comandante de la policía ministerial, Javier López Luna, *El Machín*, era el mero cerebro de los secuestros. Él dirigió el de enero de 2007. También participaron Pedro Flores Narváez, comandante de la policía municipal, y Felipe Girún Villalba, con la complicidad de Los Zetas, dos hermanos que son de Tamaulipas, Jorge y Aricsa; taxistas, maquinistas, *maras* de Honduras. A uno le decían *El Chino* y fue el que me amenazó con que me iba a dar un tiro en la frente.

Después de la denuncia por robo contra policías de Juchitán, en enero de 2010, un tipo se le acercó al padre Solalinde y le dijo: "Me da mucha pena tener que comunicarle que su cabeza ya tiene precio". En el momento en que escribo estas líneas se han recibido otra vez amenazas en el albergue "Belén, Posada del Migrante", el cual fue allanado el 8 de diciembre de 2010, cuando se destrozó el mosquitero de una ventana y fue robada la computadora del director de la casa. Ya antes había habido disparos cerca del lugar, y había sido forzada la puerta de la camioneta de la organización, además de que un individuo amenazó a un colaborador del albergue: le advirtió que tuvieran cuidado, porque "algo les podía pasar cuando salieran a la calle".

La señora Concepción Moreno, de El Ahorcado, Querétaro, fue sentenciada a seis años de cárcel por dar de comer a migrantes centroamericanos en una comunidad de tránsito de estos indocumentados. Otro sacerdote, Heymann Vázquez, fue "visitado" por agentes federales para decirle que había una denuncia en su contra enviada por internet que lo señalaba como traficante de personas. Me consta, cuando estuve en su albergue en 2008 y durante dos días lo acompañé para dar agua, comida y ofrecer posada a cientos de migrantes que estaban alrededor de las vías esperando al tren que por esas épocas tardaba en pasar, que su actividad está centrada en la ayuda a los migrantes y no en traficar con ellos. En aquella ocasión, el tren que despedimos, con unos 500 migrantes encima, fue atracado por agentes de migración unos 80 kilómetros después, y allá fue el padre Heymann a tratar de proteger la integridad física de los indocumentados.

El pronóstico del padre Alejandro Solalinde no es optimista respecto de la situación actual, pero él cree en la gente:

> La violencia va a seguir y se va a agudizar de cara a las elecciones de 2012, porque hay una descarada lucha por el poder. Hay, empero, un factor importantísimo que va a definir las cosas: el pueblo. Lo podemos y lo solemos tachar de dejado, descuidado, sometido, sumiso, pasivo, pero cuando ha querido actuar, actúa. Yo creo en los valores de ese México y los va a sacar a relucir en 2012. Que no haya dudas, para que no haya una sociedad polarizada, porque hablar de polarización es hablar de sangre.

10

Retenes falsos, camioneros impunes

El territorio mexicano, además de estar lleno de fosas clandestinas, es también la república de los retenes. Para donde quiera que se voltee hay retenes militares, puestos de revisión de la Marina, de dos tipos de policía federal (la SSP y la PGR), de policías estatales y municipales, de agentes de Aduanas o del Instituto Nacional de Migración. Hay también lo que la autoridad llama "retenes falsos" montados por la delincuencia organizada, lo mismo Zetas que del Cártel de Juárez, sicarios de La Línea, Los Pelones, Los Negros, el Cártel de Sinaloa, el Cártel del Pacífico Sur, Gente Nueva, el Cártel Independiente de Acapulco, el de Jalisco Nueva Generación, La Familia Michoacana y sus escindidos Caballeros Templarios, el Cártel del Golfo o el de Tijuana, por citar algunos de los más conocidos. Y cada vez con más frecuencia aparecen "retenes mixtos" montados por las autoridades y la delincuencia juntos como siameses, aliados, cómplices e impunes, en donde ya no es posible distinguir la línea divisoria entre gobierno y criminalidad. Se requerirían cientos de páginas solamente para el registro de casos en los que cualquier ciudadano cayó, para su mala fortuna, en esas bahías de la extorsión, donde es un esfuerzo prácticamente inútil tratar de ubicar a los autores del robo en despoblado, el secuestro, la extorsión, el maltrato físico, la violación sexual, la agresión psicológica. Puesto que operan encapuchados, dotados de pasamontañas, con pañuelos sobre el rostro o con gorras, lentes oscuros y cualquier otro aditamento que sirva para ocultar la identidad, individuos armados hasta los dientes y con todo tipo de insignias y uniformes —auténticos o espurios— someten a sus víctimas sin que nadie los moleste. Incluso reaparecen en los mismos sitios aun después de que han sido denunciados formalmente ante la autoridad.

La imaginación para ejercer el mal no tiene límites. Se ha podido comprobar que en Nuevo León, Chihuahua, Tamaulipas, Coahuila, Sonora, Sinaloa, Veracruz, Tabasco o Durango muchas veces los retenes oficiales y falsos están separados por unos cuantos kilómetros. El vehículo que fue revisado en un puesto oficial, militar o policiaco, cuyos operadores recabaron toda la información sobre el tipo de mercancías, bienes o efectivo que transporta, llegará casi fatalmente al retén montado por la delincuencia, en donde ya lo estarán esperando con datos precisos de a quiénes hacer víctimas del saqueo. La comunicación por celulares y por radio es fluida, precisa, entre los retenes oficiales y los tolerados que aparecerán muy cerca.

Hay una organización ciudadana que se dedicó durante dos años a documentar y sistematizar lo que ocurría en retenes falsos y mixtos instalados en un largo trayecto carretero desde Jalisco, cruzando Nayarit, Sinaloa, Sonora y hasta llegar a Baja California. La Asociación Esperanza enfoca sus afanes en la búsqueda de personas víctimas de desaparición forzada y tiene un registro de casi 800 secuestros en Tijuana, Mexicali, Tecate, Ensenada y otros puntos de la península solamente en los años de gobierno de Felipe Calderón, pero que llegan a 1 200 si se contabilizan los casos desde el año 2000.

Esta asociación elaboró un documento puntual en el que se precisan los sitios de revisión en donde se atraca a viajeros de autos particulares, camionetas, camiones de pasajeros, tractocamiones, Torton y otros vehículos de carga. Hay fotografías, videos y grabaciones que lograron decenas de investigadores ciudadanos entre abril de 2008 y abril de 2010 en un extenso recorrido en donde parece no existir autoridad. Cuando conocí a Miguel Ángel García Leyva, dirigente de la Asociación Esperanza, en 2011 en un foro en Culiacán, le pregunté si alguna instancia municipal, estatal o federal había atendido las denuncias de su organización que conocí y reporté el año anterior, y si ya se había puesto remedio a tanta impunidad en el larguísimo tramo carretero. El defensor de los derechos humanos hizo una mueca entre irónica, desencantada y frustrada, porque él y todos los que participábamos en un foro ciudadano teníamos la experiencia de que México es el país "en donde no pasa nada".

Me pareció tan escandalosa la situación de impunidad imperante en esos varios cientos de kilómetros de carretera (si alguien sistematizara los hallazgos en otros rumbos del país obtendría resultados muy similares), que les regalé copia del reporte a varios periodistas. Sin embargo, el tema no ha provocado el escozor social y mediático que merecería. Reproduzco aquí las partes sustanciales de aquella denuncia de la Asociación Esperanza:

> En recorridos realizados por la carretera internacional en la zona noroeste del país, comprendida desde Jalisco hasta los estados de Nayarit, Sinaloa, Sonora y Baja California, en el periodo de dos años de abril de 2008 al mismo mes de abril de 2010, hemos detectado infinidad de retenes ilegales montados sobre todo por policías en activo de diversas corporaciones de todos los niveles, tanto uniformados como de civil, en unidades automotrices oficiales y particulares sin placas o número oficial a la vista, así como con placas de los Estados Unidos. [Esos policías] se hacen acompañar de ayudantes, oficiales, estibadores, mecánicos, carroceros, a todos los cuales dotan de chalecos de colores café, azules o del tipo antibalas con pecheras o siglas de la PGR o de agencias policiacas locales.
>
> A estos ayudantes se les identifica como *aspirinas*, *bajadores*, *madrinas* o *desarmadores*; usurpan funciones policiacas, pues son los que realizan directamente inspecciones a vehículos particulares y de transporte en todas las modalidades desde autos, autobuses, tractocamiones y remolques, y de la misma forma clasifican a las personas que se transportan y están en tránsito para pedirles papeles y revisarlas directamente ante la presencia de elementos policiacos, que van desde agentes, comandantes e inclusive ministerios públicos.
>
> En diferentes fechas durante estos dos años se realizaron varios recorridos en automóviles diversos y autotransportes. De todo se tomó fotos, filmaciones y grabaciones en esos retenes ilegales, que en realidad

son puntos de extorsión de ciudadanos y destrucción de unidades vehiculares, con lo cual atentan contra la libertad de tránsito, libertad en general y propiedades de todos los seres humanos, nacionales y extranjeros, que pasan por allí, violentando sus garantías individuales, sus derechos humanos, fomentando la corrupción y afianzando la impunidad.

Asimismo se abusa y extorsiona a todas las personas con apariencia de indígenas o que parezcan migrantes que vayan hacia los Estados Unidos en carácter de ilegales, sobre todo, pero con estatus legal también, sólo por apariencia y sospecha.

Los puntos de fijación de estos retenes-punto de "extorsión carretera", los cuales son fáciles de detectar y ubicar, ya que son sumamente activos, se colocan:

- en el trayecto de Tequila a Magdalena, en el estado de Jalisco;
- entre Tepic y el crucero de Acaponeta, en Nayarit,
- en el tramo de La Concha al crucero de Villa Unión y junto a la Caseta Fitosanitaria, antes de la de cobro de San Miguel a El Carrizo, en Sinaloa;
- en Sonora, del tramo de Estación Don a La Jaula, en el crucero de Huatabampo y de la entrada de Navojoa a Ciudad Obregón; de Las Guásimas al crucero de Empalme; de Hermosillo antes de la caseta de cobro, salida norte, y de ahí en el tramo de Caborca, sobre todo entre la Aduana de San Emeterio y Sonoyta; en el tramo de la entrada de San Luis Río Colorado y también a la salida de la misma ciudad junto a la caseta de cobro;
- en Baja California, desde el límite del estado con Sonora, todo el tramo hasta Tijuana, se puede cruzar; sólo nos ha faltado supervisar el tramo Santa Ana a Nogales.

Lo que distingue a estos puntos de extorsión carreteros, que no son oficialmente retenes, es que son volantas móviles. Es decir, sin control ni orden se ponen y desaparecen de un punto a otro. Operan más como delincuentes que como servidores públicos en el combate al delito, no se identifican a pesar de portar placas o gafetes, según ellos por seguridad. No presentan orden u oficio de comisión cuando se les pregunta por estos documentos para acreditar la legalidad de sus acciones. Amenazan, siempre tratan de intimidar a inclusive agreden cuando se les comunica que se está desarrollando una actividad de observación de su función, que debe estar dentro de la legalidad. También han perseguido o mandado a individuos de civil a seguir automóviles y autobuses donde nos transportamos en esta labor de investigación, ya que al decirles nuestra calidad de observadores ciudadanos o la pertenencia a la Asociación Esperanza, pues de nuestra parte sí nos identificamos debidamente, entonces nos agreden.

Entre los últimos hechos que se documentaron fue el acontecido el 15 de abril de 2010. Siendo aproximadamente las 21:00 horas, al estarnos trasladando de Mexicali a Culiacán en un autobús de ruta federal, saliendo de la ciudad de Sonoyta hacia la aduana de San Emeterio, aproximadamente a la mitad de dicho tramo se veían luces preventivas y los faros encendidos de unas patrullas, y al arribar a dicho punto se veían entre la oscuridad diversos vehículos parados, desde tráileres, autobuses y autos en ambos sentidos de la carretera y orillados, viéndose movimiento de siluetas y personas. Al hacer alto el camión, como a los 10 minutos subió un individuo con vestimenta parcial de policía, chaleco antibalas, una cachucha con siglas de policía, una linterna, diversas fornituras; de estatura media, piel blanca, bigote café y voz muy autoritaria y grosero, recorriendo el pasillo del acceso del camión hacia el fondo del mismo le pidió como a 10 pasajeros, todos hombres y con aspecto indígena la mayoría, y como a tres más de color blanco, con aspecto de norteños, que se bajaran [...] ya para bajarse él se regresó de nuevo y bajó a cinco hombres más de aspecto de *cholos*. Después de aproximadamente 30 minutos volvieron a subir las 15 personas, se acomodaron en sus respectivos asientos y manifestaron los que se ubicaron en el asiento de atrás del nuestro diciendo que les habían robado su dinero, a uno 2 mil pesos y a otro 100 dólares, dándose cuenta de ello hasta unos 10 minutos después de avanzar el autobús y dejar atrás ese punto de extorsión carretero llamado retén. Las demás personas empezaron a decir lo mismo, que a unos les sacaron el dinero de las carteras, sin percatarse, ya que se las pedían para revisar sus documentos mientras otros los esculcaban corporalmente. El individuo que subió al autobús y les ordenó que bajaran, los llevó a un lugar oscuro entre unos vehículos y hasta ahí llegaron unos tipos más con fachas de policías y uno que parecía comandante, alto, gordo y ya mayor que ordenaba a todos. Los tuvieron un buen rato haciéndoles diversas preguntas y luego les ordenaban uno a uno que se fueran.

Es necesario precisar que varios le manifestaron al chofer del autobús lo que había sucedido y que les habían robado dinero, y el chofer les dijo que reportaran todo en San Emeterio; pero no quisieron, ya que temían represalias. Los enviados de la Asociación Esperanza grabaron testimonio directo de sólo uno los afectados, porque los demás no quisieron. Se tomaron fotos de ese punto de extorsión carretero que se mantenía en el mismo lugar días después, cuando los observadores pasaron de día. Un oficial que no quiso dar su nombre, acompañado de cinco individuos con aspecto de falsos policías (con chalecos de mala calidad, cachuchas con siglas diversas y armas de fuego mal fajadas en sus cintos), no permitió preguntas ni reclamos por lo que había ocurrido días antes y le pidió al chofer del autobús que siguiera su camino, que se suspendía la revisión de los pasajeros del autobús.

Es muy importante precisar que en estas volantas o retenes móviles, además de extorsionar, robar u ocasionar daños, se han detectado insinuaciones de carácter sexual a mujeres, por lo que el riesgo para ellas aumenta. Estos supuestos retenes autorizados o puntos de extorsión no actúan con la formalidad o con la mínima cortesía que sí se observó en los retenes militares. Sus integrantes portan armas de fuego muy diferentes de las que normalmente son asignadas y autorizadas para las policías. Cuando algún pasajero intenta utilizar su celular, se lo impiden argumentando que está prohibido "por seguridad". Hay que actuar con cautela, porque estos pseudoservidores públicos suelen reaccionar con violencia.

Ante esta grave situación se pide a todos a quienes les llegue esta denuncia pública la retrasmitan y reenvíen, y también suministren datos y nos informen de más casos de extorsión, robos y abusos en estos pun-

> tos ilegales y de alto riesgo para todos aquellos que transitan por las carreteras de México.
>
> Les pedimos nos ayuden y apoyen tomando fotos sorpresa con sus celulares, cámaras de video y cámaras digitales, grabando también en audio y tomando la filiación de individuos, parque vehicular y puntos geográficos. Ello ayudará mucho a combatir la corrupción e impunidad que nos agobian y son fomentadas por las propias autoridades de todos los niveles.

La Alianza Mexicana de Organizaciones de Transportistas (AMOT) no ha hecho denuncia alguna por el secuestro de uno solo de sus pasajeros ni por la desaparición o robo de uno solo de sus autobuses en ese triángulo de las Bermudas de San Fernando, Tamaulipas, donde han sido hallados más de 300 cadáveres entre agosto de 2010 y junio de 2011, y en donde habría 600 víctimas adicionales en más fosas clandestinas, según confesó a la autoridad Edgar Huerta Montiel, *El Guache*, joven desertor del Ejército. La Secretaría de Seguridad Pública le creyó tan macabra versión al grado de difundir un video con sus declaraciones. Es el mismo municipio en donde ya el gobierno calcula que hay, pudriéndose bajo tierra y sin que nadie los exhume, por lo menos 1 500 cadáveres de ciudadanos que fueron asesinados. En menos de un año allí "se esfumó" una docena de autobuses de pasajeros y varios más de carga, que fueron enterrados o quemados por los mismos que se encargaron de liquidar a sus ocupantes.

En respuesta a protestas y plantones de la AMOT para exigir garantías, seguridad y el cese a las extorsiones de transportistas, el coordinador de Seguridad Regional de la Policía Federal, Luis Cárdenas Palomino, dijo al diario *Milenio* que sus agremiados no presentaron queja alguna formal por secuestro, extorsión, robo de unidades o secuestro de sus pasajeros. Lo inconcebible es que, a sabiendas de ese silencio cómplice, ninguna autoridad haya perseguido algún delito de omisión criminal de los empresarios de las líneas de autobuses, que no se tomaron la molestia de informar a un agente del Ministerio Público, a una patrulla de Caminos o a un convoy militar nada relativo a los secuestros de fines de marzo y principios de abril que involucraban a no menos de cien usuarios de sus transportes.

Dirigida por Rafael Ortiz Pacheco, la AMOT fue criticada en público por el funcionario (pero no investigada) por el hecho de que muchos de sus agremiados circulen sin los permisos oficiales necesarios o que sus choferes no lleguen siquiera a tener licencias federales, según las declaraciones de Cárdenas Palomino. Tampoco presentaron quejas de supuestas extorsiones de que habrían sido víctimas los choferes por parte de policías federales o locales en la red carretera, según habían dicho a medios de prensa. Dijo Cárdenas Palomino: "Me he reunido personalmente con los líderes de esta organización y lo único que hacen es pedirnos canonjías para que nosotros no cumplamos con el deber legal de impedir la circulación en carreteras federales a quienes no tengan autorización para hacerlo. Tampoco podemos permitir que presten servicios federales sin la autorización correspondiente de la Secretaría de Comunicaciones y Transportes".

En la misma tesitura de reclutamiento de delatores que promueve su jefe el presidente Felipe Calderón, el funcionario policiaco afirmó que no obtiene respuesta concreta cuando se solicita que informen de los lugares en donde son víctimas de la delincuencia o de la autoridad. Puesto que no denuncian, eso "simplemente fomenta la impunidad, pues se carece de información sobre caminos peligrosos o intransitables".

Hay una historia escalofriante atribuida a un sobreviviente de las masacres de pasajeros de esos autobuses de la muerte, que deja atrás cualquier hipótesis de que los ocupantes de los transportes fueron asesinados porque no quisieron incorporarse al grupo delictivo de Los Zetas o que fueron confundidos con enemigos que habría enviado el Cártel del Golfo y por ello habría que eliminarlos (ambas versiones de la autoridad). La historia se publicó originalmente en la columna "Gran Angular", de Raúl Rodríguez Cortés, en *El Gráfico*, y se ha reproducido en decenas de medios. Explica el autor, con más de 35 años de ejercicio profesional, dos veces premio nacional de periodismo: "Durante los últimos días, lectores de diversas localidades de Tamaulipas que piden no revele su identidad, me han enviado narraciones de lo que allá se dice respecto a la manera en que han muerto muchas de las personas encontradas en fosas clandestinas [...]. Con esas retacerías, todas sobrecogedoras, se construyó el siguiente relato".

El recuento aparece en la página de internet de *El Siglo de Torreón*, sección "Foros La Laguna / Discusión sobre el acontecer diario en la Comarca Lagunera". Bajo el título, que parece irónico, de "Los Zetas no violamos, no matamos inocentes, no robamos", tiene la verosimilitud que cada lector quiera darle. Incluso hay decenas de respuesta a favor o en contra, crédulas o descalificadoras, pero jamás indiferentes. Ésta es la cruda narración del presunto sobreviviente, fechada el 19 de abril:

> El autobús de la línea ADO hacía su parada obligatoria en la ciudad de San Fernando, Tamaulipas, con destino a Reynosa. Llegaron a la terminal, bajaron dos personas y subieron cuatro, haciendo un total de 15 pasajeros en el autobús. Salió de la terminal para seguir su ruta, eran las ocho y media de la noche del 25 de marzo del 2011, salieron rápidamente del pequeño pueblo, no querían ser víctimas de los delincuentes que operan en la ciudad. Sin embargo, esa noche sería la última que temerían, pues ya los estaban esperando.
>
> Las calles de San Fernando se vacían a las 6 de la tarde. El pequeño poblado queda como pueblo fantasma al caer la noche, nadie sale de sus casas, todos se resguardan por el miedo a Los Zetas. Sólo se pueden ver algunas camionetas de lujo circulando por las calles vacías, nadie se quiere topar con ellos.
>
> El autobús iba saliendo de la ciudad, el chofer miró a lo lejos unas camionetas atravesadas a mitad de la calle y unos hombres encapuchados empuñando sus AR-15; en ese instante supo que todo había acabado. Los hombres le marcaron el alto al autobús, y el chofer tuvo que detenerse. Los hombres se acercaron al autobús apuntando sus armas y gritando: "Abre la puerta, cabrón, muévete hijo de [...] si no quieres que te pegue un tiro en la pinche cabeza". El chofer temblando abrió la puerta del autobús, y al instante subieron los hombres armados; uno de ellos le dio un golpe en la cara con su arma al chofer mientras otros dos entraban al área de pasajeros gritando: "Ya se los cargó la [...] a todos,

putos". Las personas que iban a bordo estaban aterrorizadas, las mujeres lloraban y los niños se abrazaban a sus padres llorando. Todos estaban en desconcierto, pensaban que sólo era un asalto, pero no era así.

Le ordenaron al chofer que siguiera conduciendo, lo llevaron por varios metros de la carretera hasta llegar a una brecha, le indicaron que entrara por ahí, recorrieron 10 kilómetros aproximadamente en la terracería, los más largos en la vida de los pasajeros. Llegaron a una parte muy amplia y sin monte, en medio de la nada, alguna parcela, estaba muy oscuro. Ahí se encontraban 20 camionetas aproximadamente, de lujo, y también tres autobuses de varias líneas; unos tenían impactos de bala, las llantas ponchadas, los vidrios rotos.

El hombre le indicó al chofer que detuviera la unidad, ahí separaron a hombres y mujeres, les ordenaron a todos los hombres que bajaran de la unidad. Bajaron aproximadamente ocho hombres que iban desde los 15 hasta los 50 años. Los formaron abajo del autobús, y unos hombres se acercaron a ellos y empezaron a clasificarlos, sacaron a los que veían que estaban viejos o débiles, sacaron a dos ancianos y dos que parecían enfermos, los amarraron de pies y manos y los llevaron con un grupo similar. A los que quedaron les ordenaron que se quitaran la camisa y que esperaran ahí.

Todos se dirigían a una de las camionetas estacionadas y gritaban: "Háblenle al comandante". Ahí se hizo presente ese hombre, que tenía vestimenta de comando en color negro, con chaleco antibalas y fornituras por todos lados; todos se dirigían a él como "comandante". El hombre se acercó a los pasajeros que habían bajado del autobús y les dijo con voz enérgica, tipo militar: "A ver, cabrones, el que quiera vivir que lo diga de una vez", pero nadie contestó, todos miraban al suelo, ni siquiera podían levantar la mirada por el temor. Un joven como de unos 15 años se orinó de miedo en los pantalones mientras se notaba que temblaba fuertemente como si tuviera frío y las lágrimas corrían por sus mejillas. El mentado comandante sacó su arma corta de la fornitura y sin titubear le pegó un tiro en la frente; el muchacho se desplomó de inmediato, mientras los otros hombres lo veían temblando aún más de miedo. "¿Quién más es maricón?", preguntó el comandante. Nadie respondió. "Les preguntaré por última vez quién [...] madres quiere vivir"; esta vez lo hizo gritando. Todos los hombres levantaron la mano. "Bien, se les hará una prueba a ver qué tan chingones son, el que lo logre sobrevivirá, el que no se chingó". En eso les habló a varios de los hombres que estaban en otras camionetas y les dijo: "Traigan los marros", y los hombres trajeron un mazo para cada hombre. "A ver, cabrones, la transa es así: se van a poner en parejas y se van a partir la madre, el que sobreviva se viene con nosotros a jalar y se salva, el que no, pues se lo cargó la [...]"; eso dijo en tono sarcástico, mientras sus hombres reían. Los pasajeros quedaron pasmados por la noticia, no podían creer que fuera cierto lo que les ordenaba el individuo que más bien parecía nazi que narco. Todos tomaron su mazo y se pusieron en parejas y veían a su contrincante con una mirada de miedo. "Pártanse su madre", dijo el comandante.

Unos de los pasajeros se acercó llorando a él diciéndole, "Por favor, señor, yo no quiero hacer esto, le doy todo el dinero que traigo y mi casa, pero déjenos ir". El comandante lo vio fijamente a los ojos, le quitó el mazo y le dijo: "Está bien, pinche [...], vete", y tan pronto el hombre dio la vuelta le pegó con el mazo en la cabeza con una fuerza brutal. El hombre cayó al suelo bañado en sangre, y el comandante se puso como loco dándole golpes en la cabeza con el mazo como 20 veces hasta que quedó deshecha totalmente. "Esto es lo que tienen que hacer, hijos de puta, usar los huevos, el que no quiera que me diga y yo le parto su madre". Todos los hombres comenzaron a pelear entre sí.

El chofer del autobús seguía con el hombre que lo interceptó junto con las mujeres y los niños dentro de la unidad. Ahí subieron varios hombres armados más y bajaron a las muchachas que les parecían más guapas, mientras les gritaban: "Muévete, puta". Todas lloraban y gritaban al igual que los niños; uno de ellos dijo: "A ver, perras, denme a sus cachorros", y las madres lloraban abrazando a sus hijos, que iban desde recién nacidos hasta los ocho años máximo. Los niños se aferraban a sus madres mientras se los arrebataban los sicarios. Los bajaron a todos y se los llevaron, mientras unos sicarios golpeaban a las mujeres que quedaban en el autobús.

A las jóvenes que bajaron las llevaron a una casucha donde había más mujeres jóvenes, todo estaba oscuro y sucio, y se escuchaban gritos y lamentos. Ahí les arrancaron las ropas y las comenzaron a violar. Dentro de la casucha había aproximadamente 30 mujeres que estaban siendo violadas, otras más estaban despedazadas en el piso.

A los niños los llevaron a otra parte, en donde había unos tanques con ácido, ahí los aventaban, se oían los gritos de dolor mientras se deshacían. Y los sicarios solo reían a carcajadas; uno de ellos gritó a los demás: "Ya va a estar el caldo".

El hombre le ordenó al chofer que encendiera la unidad, y lo dirigió hasta un lugar en donde vio a todos los que había separado del grupo por estar viejos o débiles, que estaban tendidos en el piso en una línea, amarrados de los pies y de las manos. "Pasa por arriba de ellos", le dijo el sicario al chofer. El conductor lo miró atónito, no podía creer lo que le ordenaba. "Que pases por arriba de ellos o te pongo ahí para que te lleve la [...] a ti también, [...]", le gritó el sicario al chofer, a quien no le quedó más que hacer caso. Mientras conducía podía sentir como si pasara por topes, pero la diferencia es que aquí podía escuchar los gritos de dolor de las personas que estaban abajo. Las mujeres dentro del autobús lloraban sin parar por aquel hecho tan horroroso. Y los sicarios que iban dentro sólo reían. Hasta que terminó con la fila de personas, le ordenaron detenerse.

Fue ahí cuando el sicario le pegó un tiro en la sien al chofer y empezó a dispararles a las mujeres a bordo. Bajaron y le prendieron fuego al autobús.

El comandante reunió a todos Los Zetas y les dijo, "Ya estuvo bueno de diversión por esta noche, cabrones. Traigan a los ganadores", y trajeron a los que habían matado a su contra con el mazo y les dijo: "Bienvenidos al grupo de Fuerzas Especiales Zeta, el otro ejército".

11

¿Alguien puede explicar qué pasa?

> Ya todo se vale —asegura Javier Sicilia—. Todo se puede hacer en medio de una guerra que además no tiene sentido. No hay objetivos. Hay una abstracción de Calderón cuando dice que era para salvar a los chavos de la drogadicción, ¿no? Es como decía Albert Camus: "Conozco algo peor que el odio: el amor abstracto". Porque en nombre de esa abstracción tenemos 50 mil muertos. Y bueno, allí está Calderón defendiendo una hipótesis moral falsa, una entelequia. Y los demás no tienen siquiera hipótesis, es simplemente el mal por el mal. Es una violencia irracional, sin objetivo, no más que la maldad en sí misma.

Cuando le coloco la grabadora enfrente, Javier Sicilia, perplejo, dolido, reflexivo, está prendiendo su segundo cigarrillo. Pasa con absoluta facilidad del pensamiento abstracto al dato preciso, tangible: "Siento que estoy frente al mal radical. Desde mi posición de creyente, cuando hablo del mal radical hablo de un tema terrible que tiene que ver con la metafísica, que ya no es asunto de los hombres. Es decir, estoy frente a seres que ya no pertenecen al mundo de lo humano".

—¿Que nos pasó como país? ¿Qué significan al menos 460 cadáveres que nadie sabe quiénes son, surgidos de fosas clandestinas solamente en dos puntos geográficos del territorio nacional (Durango y Tamaulipas)? ¿Qué te dice esa tragedia? —pregunto.

> Yo creo que estamos pasando por algo terrible. Además del pudrimiento, la forma corrompida en que el gobierno administró el Estado durante 70 años, un tiempo en que ya había enquistamientos del crimen, el huevo de

la serpiente a punto de incubarse y que la guerra vino a desatar, además de esa realidad, ya desde que surgió el movimiento zapatista se denunció que empezaban a formarse brigadas blancas o paramilitares. El propio subcomandante Marcos dijo: "Aguas, allí están reclutando *kaibiles*". Pero hay la hipótesis ahorita de que no eran los tales *kaibiles* nada más, sino que Los Zetas comienzan a reclutar *kaibiles* y también paramilitares locales que forman con grupos de elite del Ejército mexicano que a su vez fueron formados por grupos de elite del Ejército norteamericano. No hay que olvidar que Los Zetas se integraron con desertores del Ejército. Entonces es muy probable que estos grupos paramilitares estén cometiendo estas atrocidades, que son parte de los grupos que el Estado formó y que se les fueron de las manos y están haciendo lo que están haciendo.

Hay aquí, además, como en las dictaduras militares, una especie de limpieza social. Pero lo terrible de todo esto es que en aquel entonces uno sabía qué fines perseguían, su represión estaba enfocada sobre los subversivos. Ahora secuestran o ejecutan a cualquier ciudadano, a cualquier tipo que no les simpatice. Entonces la cosa es mucho más grave. Ya ni siquiera está en medio el velo de lo ideológico para cometer esa barbarie. Ahora es la barbarie por la barbarie. Ya el velo ideológico quedó rebasado y estamos frente al mal radical. Al puro mal nada más, porque no hay objetivo.

—¿Hay como un acostumbramiento de la sociedad? —continúo. "En términos de una guerra declarada, todo se vale y se exige a la sociedad que todo se acepte".

—Estados Unidos asesora a Colombia y a México. Les entrega a sus gobiernos cientos de millones de dólares como ayuda en especie, pero entonces se siente con todo el derecho de diseñar políticas. En Colombia hubo el problema de los *falsos positivos*, cuando secuestraban ciudadanos, los ejecutaban a sangre fría y los presentaban como bajas del enemigo en combate. A más muertos, mayor éxito en la guerra. ¿Eso ya está pasando en México?

Sí —contesta Javier—, porque las premisas del gobierno están basadas en que la guerra se gana por el número, por la acumulación de víctimas.

> Eso del *body count* es una pendejada. Creo que nosotros [el Movimiento por la Paz y Justicia con Dignidad] hemos hecho algo importante: hicimos visible el horror y desnudamos con las víctimas este *body count.*

—¿Y después de volver visibles a las víctimas, qué hay que hacer? ¿Qué sigue? ¿Establecer un banco de datos de ADN, de cadáveres, de nombres y apellidos?

> Sí, hay que hacer un banco de datos. Pero ante todo, volver visibles a los muertos y los desaparecidos, recuperar esa memoria. Creo que los colombianos lo hicieron tarde, después de las guerras. Nosotros lo hicimos a la mitad, lo que quiere decir que hay una exigencia todavía a tiempo de cambiar esta política absurda, esta estrategia de guerra sin sentido.

—Pero los colombianos estaban organizados, recabaron nombre por nombre, revisaron cuerpo por cuerpo. Siguen investigando ahora mismo. Es algo que no hemos podido hacer en México.

> No hemos hecho nada —responde Sicilia—. Tenemos un Alzheimer social espantoso que está abonando al horror y al mal radical. Creo que es el momento de exigir, la evidencia obliga a cambiar la estrategia de guerra porque es un absurdo, una estupidez, tenemos que cambiar el modelo de seguridad. Ya estamos en déficit por la escandalosa multiplicación de las víctimas. Pero no sólo eso, sino que hay que parar ahora mismo, porque si no se va a ir acumulando el déficit. Si no paramos, la violencia nos va a rebasar, si es que no nos rebasó ya, y entonces eso es llegar al infierno.

Sicilia opta porque se generen mecanismos que permitan contabilizar y humanizar el horror de las fosas clandestinas, porque allí había seres humanos. "Debería hacerlo el gobierno, pero dadas las circunstancias que estamos viviendo, tendremos que hacerlo entre todos. Hemos sacado el dolor de las víctimas; no lo sacó el gobierno".

—Y hasta donde se ve, hoy las víctimas se investigan a sí mismas porque parece no haber gobernabilidad.

> El agravio es nacional, el dolor es general. No es un asunto de derechas y de izquierdas, de pobres o de ricos. Todos, todos nos hemos vuelto hombres que podrían ser asesinados por cualquiera. Lo grave y paradójico es que en la era de la democracia y los derechos humanos, todos podemos ser sacrificados y cualquiera nos puede matar y quedar impune el crimen y quedar nuestro nombre en el olvido, y eso es un horror: es demencial, no puede estar pasando.

Le cito a Sicilia las tres ocasiones en que el propio gobierno se ha empeñado en inflar la estadística de las víctimas de asesinatos, como si ello fuese un timbre de gloria, una señal de éxito en la estrategia guerrera.

> Eso es perversísimo. Pero esa lógica empieza a romperse. El propio Calderón tuvo que admitir que hay que hacer visibles los casos y las víctimas. Es apenas un paso. Acuérdate de que en pleno conflicto en Chiapas, el mismo Calderón estaba contra esa lógica, cuando la matanza de Acteal. Calderón dijo entonces: "No nos estén engañando, aquí hay paramilitares, aquí hay cosas terribles, aquí están apostando a una descomposición social y a favor de intereses perversos". Esto se complicó, porque hablábamos entonces del caso de Acteal. Ahora lo estamos deplorando en todo el país.

Frente al fenómeno de los nuevos desaparecidos, mucha gente no ha declarado porque no sabe qué hay detrás, porque tiene miedo. Pueden ser más de 10 mil, admite Sicilia. Hay que parar esa locura: "Es como meter el freno en plena bajada y a toda velocidad. Sí, absolutamente, pero hay que parar la guerra. No podemos seguir así. Y sin la mínima infraestructura para poder visibilizar esto tan terrible, pues va a continuar el horror".

—¿Hay margen de maniobra? ¿Tiene el gobierno mínima autonomía de las decisiones que impone Washington?—, pregunto. "Sí tiene la autonomía. Pero se necesitan huevos, y se necesita un sentido de lo moral y de la vida humana".

—¿Hay paramilitares en México?

Sí, porque creo que ya nadie controla lo que pasa. ¿Cómo se para esto? El problema es que el poder no es monolítico. El problema es que después de la ruptura que vino con la supuesta transición de ese estado mafioso, ahora los presidentes municipales y los gobernadores son reyes en sus territorios". No puede ser, dice el poeta, que se considere una "baja de guerra", una víctima colateral a un joven estudiante. "Es terrible que decidan matar a unos muchachos por una pinche lana. Son víctimas del desmadre que el gobierno ha creado los chavos del Tec, los de Salvárcar y un montón de gente que no hemos podido visibilizar.

Otro problema —seguimos conversando y tratando de desenredar la madeja, de desentrañar algo la tragedia— es que "nadie es responsable de nada". "Aun en la hipótesis extrema que se maneja, la de la leva de jóvenes, la del trabajo esclavo, todo eso es señal de que esto ya no lo controla nadie". No hay explicaciones para un problema tan hondo. Ni siquiera el crimen organizado las tiene.

—¿Cuál es nuestra esperanza de futuro?

La esperanza es que la ciudadanía, junto con el gobierno, nos pongamos en estado de autodefensa, pero en una autodefensa basada en una lógica de seguridad, de ética frente al crimen —apunta Javier—. Eso hay que discutirlo, ver cómo se crea eso. Porque lo único que funciona ahora son los grupos de autodefensa que están en ciertas comunidades, como en Cherán, Michoacán, o en Guerrero, o en las comunidades zapatistas. Entonces tenemos que replantear la política de seguridad. No podemos seguir con este modelo, que nos está llevando al infierno. Ya no hay país. No hay democracia tampoco. Esta simulación democrática que estamos viviendo es otra cortina de humo que nos quiere ocultar el horror, pues. Y hay una partidocracia verdaderamente atroz porque sigue sus propios intereses, con lo cual simplemente abona al crimen, al desmadre y al desastre.

—¿Qué esperas de nuevo en la segunda reunión con el presidente? ¿Qué puede cambiar en tres meses?

> Tendremos más datos duros, más evidencia y podremos exigir más. Veremos en qué ha avanzado el gobierno y qué ha hecho a favor de las víctimas después de los acuerdos a los que se llegó. Vamos a insistir: "¿No te bastan las víctimas, presidente, para decir que tu guerra es fallida? ¿No somos suficientemente una declaratoria de tu fracaso? Junto con las víctimas, te vamos a llevar a los especialistas, y dile a la nación que no, demuestra que no tienen razón. Pero cada día que pase, que tú te tardes en dar solución, habrá más y más víctimas".

—¿Cuál es el punto central en una estrategia alternativa?

> Yo creo que la ley de seguridad, la ley de víctimas y la reforma política. Una ley de seguridad ciudadana y no de seguridad institucional, como lo han dicho, y no de una violencia reactiva nada más, sino que vea el problema holísticamente. Seguridad es también alimento, educación, vivienda, salud. Seguridad nacional también son los aviones cisterna para llevarle agua a la gente. Y la reforma política —concluye Sicilia—: necesitamos instrumentos ciudadanos para fiscalizar. Voto blanco. Revocación de mandato. Plebiscito. Segunda vuelta. Limitación de fuero. Instrumentos ciudadanos para fiscalizar a esta clase política que se ha vuelto una clase delincuente en muchos sentidos.

Para Fabienne Venet, quien dirigió Sin Fronteras y tiene años trabajando en el asunto de los migrantes, hay que buscar diferentes explicaciones para el hallazgo de 460 cadáveres sin identificar en fosas clandestinas en solamente dos sitios de la República: "Pienso que no hay una sola. Pienso que puede haber una estrategia de limpieza social, en donde se eliminan personas de ciertos grupos, como se hablado ya en casos de jóvenes en el Distrito Federal". Fabienne dirige el Instituto de Estudios y Divulgación sobre Migración (Inedim). Reflexiona un poco y agrega:

> También puede ser una estrategia de terror. En el caso de los migrantes me parece que dicha estrategia encaja como una de las razones, en la

> medida en que la delincuencia organizada usa el terror para el control territorial y social. Creo que matar de manera absolutamente violenta, innombrable, a las personas migrantes, les da el efecto del terror, pero no les genera el apoyo social con la población local, con la que requieren mantener lazos, pues el control social de los territorios es absolutamente necesario para su negocio. Entonces matar a los migrantes, un acto de violencia contra los otros que no somos nosotros, levanta un sentimiento de terror, de mucho miedo, pero no se percibe como una amenaza tan directa [contra los lugareños].

—Dijeron enviados de la ONU que no se podría culpar sólo a la delincuencia por el clima de insoportable violencia en el país.

> Definitivamente creo que no —responde Venet—. En México es un secreto a voces la connivencia que hay entre la delincuencia y agentes de la autoridad. Eso queda absolutamente evidente en el caso de los migrantes. Sin esa connivencia las autoridades tendrían capacidades para ofrecer protección, pero es obvio que no la han tenido, como no han tenido tampoco la voluntad. Pero todo esto va más allá de la responsabilidad del poder ejecutivo. Hay que involucrar también al poder judicial, porque ¿cómo explicamos la falta de justicia después de cometidos los abusos? Obviamente que los otros poderes también tienen su responsabilidad por ese involucramiento de autoridades junto con la delincuencia, pero también por la falta de acción, por la omisión de medidas para prevenir esas violaciones. La función primaria del Estado es ofrecer protección a sus ciudadanos y a quienes transitan por la República. Y eso no está ocurriendo. Entonces tenemos, además de un problema de omisión, uno de corrupción.

—En los recientes secuestros en Nuevo Laredo, según las fotografías publicadas, se trata de jóvenes tatuados. ¿Qué te dice eso?

"Pues que es sencillamente una moda. Angelina Jolie tiene tatuajes, pero no la matan ni la secuestran por ello".

—Se comprobó que en la fosa en donde hallaron 51 cadáveres en el municipio de Juárez, Nuevo León, la mayoría eran también de tatuados.

"No me extraña. Hay acciones de violencia del Estado o de grupos paramilitares o de la delincuencia organizada dirigidas a esos grupos de perfil sociodemográfico específico", concluye Fabienne.

Y es que en México muchas cosas no se mencionan por su nombre. Es el caso de una verdadera crisis humanitaria que integran ya los miles de *levantones* que han hecho víctimas a profesionistas, comerciantes, jóvenes trabajadores y estudiantes, mujeres, ciudadanos que nada tienen que ver con el crimen organizado. Son secuestros, desapariciones y privaciones ilegales de la libertad, porque el término *levantón* no es más que un apodo, a la vez ofensivo y descalificador para quienes sufren lo que en la legislación internacional se denomina desaparición forzada de personas y que se considera un "delito de lesa humanidad".

Estos secuestros sin destino (nadie pide rescate, nadie se comunica con las familias) los han cometido en años recientes militares, policías federales, estatales y municipales, la delincuencia organizada y grupos sin identificar porque utilizan pasamontañas, una especie de paramilitares. Lo que en el pasado se llamó "guerra sucia" contra opositores pacíficos o armados en el país, ahora lo sufre cualquier ciudadano, sobre todo en el norte del país. Familiares de aquellos desaparecidos reclaman con vida a los suyos desde hace décadas, y ahora son multitud los familiares que buscan a padres, esposos, hermanos, hijos que no tenían alguna actividad política o social ni tenían nexos con el tráfico de drogas.

Los desaparecidos de ahora están en numerosas listas elaboradas por organizaciones en varios puntos del país. Aunque hay cientos de denuncias ante autoridades estatales y federales, muchos casos jamás han llegado a una barandilla del Ministerio Público. Éste es un repaso de algunos que se pueden confirmar en los medios y en organizaciones civiles:

- El procurador michoacano Jesús Montejano Ramírez reconoció, al rendir un informe anual al Congreso estatal, que 519 personas habían desaparecido solamente entre agosto de 2009 y julio de 2010, y se ignoraba su destino en esa entidad. Mencionó, por ejemplo, la búsqueda inútil del regidor petista del municipio de Aquila, Javier Martínez Robles, y del presidente del Comisariado de Bienes Comunales de Santa María Ostula, Francisco de Asís Manuel, quienes fueron *levantados* en febrero y abril de 2010.
- La Asociación Esperanza de Baja California tiene un registro de entre 800 y 1 200 desaparecidos desde el año 2000, la mitad de los cuales correspondería al gobierno de Calderón. Hay 200 casos con averiguación previa ya iniciada en las procuradurías.
- Al Centro de Derechos Humanos Fray Juan de Larios y a la Diócesis de Saltillo han llegado más de 200 casos de desaparición. En un esfuerzo por documentar caso por caso, se tiene la corroboración de más de 185 secuestros sin que nadie pida rescate, sin que se conozca el destino de las víctimas, sin comunicación con los familiares; los expedientes los ha integrado la FUNDEC (Fundación Unidos por Nuestros Desaparecidos en Coahuila).
- Estos familiares con desaparecidos en Coahuila ya se reunieron con los de Chihuahua y de Nuevo León, en cuyas listas aparecen 250 y 300 respectivamente, incluidos en el último caso 38 líderes y trabajadores petroleros de Cadereyta.
- Guerrero contabilizaba 107 casos de desaparición entre diciembre de 2006 y enero de 2008, según el Comité de Amigos y Familiares de Secuestrados, Desaparecidos y Asesinados de la entidad.
- Solamente en el municipio de Cuencamé, en Durango, ocurrieron 60 secuestros durante 2009, pero hubo varias decenas más en el resto del estado, particularmente en la Comarca Lagunera. En la laguna de la localidad, buzos que rastreaban a

un menor ahogado refirieron haber visto en el fondo del agua a varias decenas de cadáveres. Se hizo un escándalo público, local y nacional, a partir de que lo difundió el conocido líder cetemista José Ramírez Gamero, pero nadie se tomó el trabajo de ir a corroborar el asunto.

- A raíz de la masacre de 72 migrantes cerca de San Fernando, Tamaulipas, en agosto de 2010, la Procuraduría de Querétaro solicitó a la tamaulipeca que le informara si no estaban entre los cadáveres algunos de entre más de 30 migrantes queretanos que salieron de la Sierra Gorda con intención de ingresar a Estados Unidos. Iban en dos camiones y desaparecieron desde marzo de ese año en una zona entre Nuevo León y Tamaulipas.
- A estas denuncias hay que sumar la desaparición de los dos militantes del Ejército Popular Revolucionario (EPR) Edmundo Reyes Amaya y Gabriel Alberto Cruz Sánchez, capturados desde el 25 de mayo de 2007 en Oaxaca. Incluso se formó una comisión mediadora para dar con su paradero, la cual se disolvió y volvió a integrarse sin que haya todavía resultados específicos.
- Muchos otros luchadores sociales, indígenas, campesinos y obreros han sido víctimas de la desaparición forzada. Por citar solamente algunos: los indígenas Pedro Núñez, Mariano Pérez Guzmán, Miguel Moreno Montejo y Antonio Peñate Montejo, en Viejo Velasco, Ocosingo, Chiapas; Gabino Flores Cruz, en la comunidad Diez de Junio, en Veracruz; las indígenas triquis de Putla de Guerrero, Oaxaca, Daniela y Virginia Ortiz Ramírez; el defensor de los derechos humanos Francisco Paredes Ruiz en Morelia, Michoacán; Bonifacio Gaona Barrientos, totonaca de la Sierra Norte de Puebla, y los defensores mixtecos de Ayutla de Los Libres, Guerrero, Raúl Lucas Lucía y Manuel Ponce Rosas (que aparecerían ejecutados extrajudicialmente a pocos días de su secuestro).

- Las entidades de Sinaloa, el Estado de México, Sonora, Durango y Veracruz registran por lo menos 200 desaparecidos cada una, sin incluir casi 100 mujeres otra vez en Ciudad Juárez, en donde fueron asesinadas en tres años del gobierno de Felipe Calderón más de 500, superando con creces todos los feminicidios reportados de 1993 a 2006.

12

Los narcos no esconden a sus muertos

Si algo evidenció la Caravana por la Paz y la Justicia con Dignidad fue que la dimensión de la violencia en el país es mucho mayor de lo que creíamos, comienza por decirnos Emilio Álvarez Icaza, ex ombudsman capitalino y cercano asesor y colaborador de Javier Sicilia. "La cantidad de desaparecidos y las referencias que se nos hicieron en muchas comunidades sobre fosas clandestinas es impresionante. En varios lugares nos dijeron: 'No… si son muchas más'. Allí están Zacatecas, Durango, San Luis Potosí, Nuevo León, que tienen experiencias similares a la de Tamaulipas. Esto que está saliendo es la punta de un iceberg", continúa cuando hablamos de los macabros hallazgos de San Fernando, Tamaulipas, y Durango. Son los cadáveres que estaban ocultos. Y hay otros semiocultos, consecuencia de una estrategia oficial contra la delincuencia, fundada en militarización y en la lógica de guerra.

El problema, ya de por sí grave, se torna más agudo como en Durango, cuando la recuperación de los cuerpos se hace con trascabos (algo más de 250), y entonces ya se hace imposible identificar cadáveres. Allí no hay respeto ni protocolos. En el caso de Tamaulipas (oficialmente 231 cadáveres) lo hacen sin métodos de preservación, en avanzado estado de descomposición. "Todo esto es como la constatación de la más absoluta indiferencia del gobierno y la falta de respeto a los cuerpos y a la vida".

—Hay varias estadísticas: los 3 mil que denunciaron las organizaciones a los enviados de Naciones Unidas; los 5 mil que menciona como denuncias la Comisión Nacional de Derechos Humanos, los 10 mil que ya calculan algunos en México.

La menor de las cifras, la que se dio a Naciones Unidas, es una bestialidad —responde Álvarez Icaza—. Estamos hablando, conceptualmente, de una segunda generación, una segunda ola de desapariciones en México, pero en una cantidad mucho más importante que durante la llamada "guerra sucia". El Comité Eureka exigía la aparición con vida de casi 600 mexicanos. La cantidad manejada ahora por la CNDH es casi 10 veces eso. En la dimensión de la ruptura del tejido social, que eso es lo que significa, repito: es una bestialidad.

—¿Cuál es la explicación para esta barbarie?

Emilio Álvarez Icaza plantea hipótesis:

1. La primera idea es que no me parece que haya vinculaciones con los narcos. Ellos no esconden a sus muertos. Los narcos los presumen. No creo que sean ajustes de cuentas entre narcos. Son triunfos en batalla. Son mensajes de éxito. Además no tendrían ninguna intención de esconderlos. ¿De cuándo acá el escrúpulo de los traficantes por la digna muerte?

2. Entonces, ¿quién esconde a los muertos? Pues quien no quiere que se sepa. ¿Quién podría ser? Fuerzas federales o participantes de las fuerzas militares clandestinas, autoridades o actores vinculados con policías estatales o gobiernos municipales que tuvieran que ver con fenómenos de control territorial, de trata de personas o control de mercado, actuando en la clandestinidad. Me parece que el asunto podría estar más vinculado a actores locales que a dimensiones bajo control del Ejército o la Marina.

—El problema es que no se investiga qué ocurrió en cada caso en la realidad.

No sólo no se investiga —continúa—. Eso es un hecho, la falta de verdad o de investigación. Hay una debilidad institucional. Hay gran temor, y las familias no quieren colaborar por miedo, porque no quieren un mayor daño. Hay un claro escenario de amenaza cumplida. En

> lugares como Tamaulipas se vive tal ausencia del Estado, tal control por parte de la delincuencia o de autoridades subsumidas a ella (igual Nuevo León, Coahuila, Durango), que el fenómeno son los servidores públicos al servicio de la delincuencia.

—Calderón lo dijo: policías municipales en San Fernando llevaron en vehículos oficiales a las víctimas, ayudaron a ejecutarlos y a cavar las fosas.

"Pero eso ha pasado en Tamaulipas, Nuevo León, Coahuila, Durango, Chihuahua. Son servidores públicos al servicio de los cárteles, policías estatales o municipales. Dicho así con todas sus letras".

—No podrías excluir a los demás, policías federales, Ejército, Marina, y solamente atribuir responsabilidad a los estatales y municipales.

> Yo creo que ésa es otra dimensión, otro apartado —sigue Emilio—. A mí me parece claro que desde hace algunos años se está hablando de la hipótesis de la guerra sin heridos. Cuando uno revisa las actuaciones de la Marina, esencialmente buscan el exterminio del llamado enemigo, acaban sus intervenciones a bazucazos. En los casos paradigmáticos de la Marina, todos terminan muertos. Ahí no hay heridos, supuestamente bajo el argumento de la resistencia. Y en el caso del Ejército, una diferencia significativa sobre la Marina es que nos informa en sus boletines que por cada 30 delincuentes que mueren hay un soldado muerto. Pero hay solicitudes de información en las cuales la diferencia son 6 a 1. La historia oficial en este aspecto tiene una base de debilidad muy oscura, un gran espacio de discrecionalidad, pues la Marina no informa nada. Y la lógica del 10 a 1 que ha estado imperante y se ha discutido en lugares como Ciudad Juárez, Chihuahua, Nuevo León y Coahuila, tiene que ver con actuaciones de militares fuera de control o en algún momento "tolerados" que en la realidad se convierten en brigadas de ajusticiamiento.

—Con la gravedad de que la Marina ha sido privilegiada con información de inteligencia de Estados Unidos y seleccionada para el éxito de operativos que a ellos les interesan, con exclusión explícita del Ejército.

> Yo creo que hay que leerlo así explica: el tema de *WikiLeaks* no creo que sea gratuito. Claramente en este sexenio hay un cambio de lógica. La Marina está en una lógica de vinculación más estrecha con Estados Unidos, mucho más coordinada que el Ejército con el Comando Norte. Y también en la lógica de intercambio de información estratégica. En el Ejército se aprecia más reticencia en la cooperación con las fuerzas armadas de Estados Unidos. El operativo "Rápido y furioso" llevó al Ejército a poner más distancia. En este sexenio, y a partir de la iniciativa Mérida, los términos de la relación se transformaron.

—¿Cuál ha sido tu experiencia en encuentros con militares? (De ello habíamos hablado informalmente durante un desayuno).

> Hay una parte importante de los mandos mexicanos que no acaba de entender lo que significa el proceso de reforma constitucional y, más allá de eso, lo que está pasando en términos de la transformación del debate democrático. Ven y entienden estas reformas como parte de un ataque a las fuerzas armadas. Se sienten profundamente atacados, injustamente tratados, en términos de que son los que están pagando los costos de actuación de las decisiones del presidente de la República, y son quienes están defendiendo a la población de los malos, de los narcos, de los ex militares. Son quienes reciben los balazos y no reciben la comprensión. Hay una sensación de hartazgo sobre el tema de los derechos humanos. Inclusive, te diría, han construido lecturas de una especie de complot internacional de Estados Unidos y Amnistía Internacional para debilitar a la fuerzas armadas mexicanas, pensando que Amnistía es una estratagema del Departamento de Estado y entonces, desde la trinchera y la perspectiva de los derechos humanos, así se debilita al Ejército. Y que todos estos grupos que reciben financiamiento internacional son parte de una acción deliberada para debilitar al Ejército. Y también ven con mucha preocupación los juicios que pudieran derivarse de las recomendaciones internacionales.

Desde la perspectiva de su entendimiento de la soberanía, es inadmisible que una instancia internacional venga a decirle a México qué hacer. Para ellos eso es una especie de violación a la soberanía. Más inadmisible aún si la instancia es de derechos humanos, y luego resulta que los civiles le dan la razón; entonces los militares dicen: "Ya estamos hasta la madre del tema de derechos humanos, de que ataquen al Ejército, de que nos juzguen, nos revisen". Y encima saben, están claros y conscientes de que su intervención en lo que ahora se ha rebautizado como *lucha por la seguridad*, que en más de dos tercios del sexenio se ha llamado guerra, está colgada con alfileres. Saben que en términos de legalidad no tienen fundamento. Lo saben, y por eso quieren una ley que les dé protección. Pero el problema es que esa ley no tiene principios de retroactividad. El supuesto que está detrás —que no lo dicen así— es que están buscando una ley de amnistía.

—¿Dentro de la Ley de Seguridad Nacional?

Sí —continúa— lo que les permitiría un marco legal de intervención en riesgo interior que justificaría su actuación. Pero sólo de aquí en adelante. No se han atrevido a formular la hipótesis de una ley de amnistía, porque sería como admitir responsabilidad en los 50 mil muertos. Están conscientes de la debilidad de los fundamentos de su legalidad, inclusive la de los retenes.

—Eso piensan ellos. ¿Y qué pasa con tantas víctimas?

Parte del gran problema es que no hay ningún mecanismo civil ni público, ni uno alterno que lleve un registro de quiénes son, dónde estaban, qué hacían. México se la pasó una parte importante del tiempo discutiendo la estrategia, y cuando abrió los ojos ya había 40 mil muertos. El tema de los desaparecidos está tomando tal dimensión que la Caravana visibilizó el problema. Eso tiene que llevar a replantear el activismo de la sociedad civil y el asunto de los migrantes, que ha sido paralelo. Traficas allí mismo droga, armas y personas. Si puedes moverlo, finalmente es la misma ruta, por qué no. En los últimos años, al no haber control de parte de la autoridad, los mismos grupos han diversificado sus actividades criminales.

—¿En dónde estaban las ONG de derechos humanos?

En el caso de los migrantes, cuando se empezó a ver el tramo humano, fueron los albergues los que empezaron a poner en evidencia la crisis humanitaria. Luego se difundió el fenómeno de los desaparecidos. Entonces lo primero que viene es avanzar en la constitución de un sujeto social de víctimas que tenga capacidad de interlocución, como pasó en Colombia. En segundo lugar, urge el registro, tenemos que tener bases de datos; por eso es importante hablar de la memoria, de la ley de víctimas y de la Comisión de la Verdad; saber quiénes son, quién los mató, dónde estaban, ayudará a atribuir las responsabilidades municipales y estatales, la complicidad y las culpabilidades. Un tercer asunto tiene que ver con el entendimiento de que esa discusión pueda incidir en el cambio y en el curso de las cosas. Porque si logramos visibilizar el fenómeno de las víctimas y su drama, entonces tal vez haya más elementos para incidir en el cambio de estrategia.

—¿Supervisar la actuación del gobierno?

En los tramos de control con respecto a la autoridad, la verdad es que tenemos un problema en los dos extremos: en el nivel estatal y municipal es un verdadero desastre, una dejadez total. Y en el nivel federal hay un gran abandono, una dificultad para instaurar controles de cualquier tipo. En el pasado, durante la guerra sucia, el argumento para reprimir era el que la gente fuera comunista. Hoy es cualquier cosa, y se ataca incluso a los defensores.

—Hay tramos de territorio donde lo que hay es ausencia de Estado —sigo, y le cito a Álvarez Icaza el estudio de la Asociación Esperanza sobre los retenes falsos desde Jalisco hasta Baja California, pasando por Nayarit, Sinaloa, Sonora. El ex ombudsman me responde:

> Ése es el problema de la connivencia de la autoridad con la delincuencia. Pueden ser retenes falsos o retenes para "los otros jefes". Porque son servidores públicos con uniforme, con placas y vehículos que obedecen a otros jefes. Se da el caso en Monterrey y Tamaulipas también. "Lo voy a llevar ante mi general", amenazan a cualquiera y resulta al final que es un jefe zeta. Y allí verifican a las personas para ver quiénes son, los someten a tortura o muerte. Si no son peligrosos, sacan fotocopia de la credencial de elector y los amenazan. Hay testimonios de personas de que en donde han estado hay restos humanos, descuartizados, ácidos, cercenados. Y son retenes que ahí están, ahí siguen sin que nadie los moleste. ¿Cómo es posible que el Estado mexicano permita, a lo largo del tiempo, que sigan esos retenes? No son clandestinos, no son móviles, no son retenes sorpresa. Permanecen, porque obedecen a otros jefes. El problema de infiltración de las estructuras de seguridad es brutal.

—¿Cómo paramos la masacre en este momento?

> Hay que asumir sigue que el debate no es sólo la estrategia, sino la emergencia. Porque hay quienes bajo la lógica de combatir a la delincuencia permiten cualquier cosa; eso lo único que hace es empoderar, propiciar que la delincuencia compre a los servidores públicos para que trabajen para ellos. Es no entender que abrirle la puerta al Ejército para combatir el delito cometiendo delitos, lo que propicia es una mayor corrupción de las fuerzas armadas. Ha habido una gran permisividad de la sociedad mexicana respecto al uso indebido de la fuerza y de recursos del Estado en el combate a la delincuencia, y eso implica construir un escenario de mucho más riesgo para la población.

Emilio expresa esperanza en el movimiento social que propició el dolor del poeta Sicilia. Lo resume en un mensaje que le envió un amigo ausente del diálogo en Chapultepec: "Si las víctimas tienen esperanza, entonces el país puede tener esperanza. Si los más jodidos se levantan a caminar y a reclamar, entonces nos toca a todos levantarnos y caminar junto con ellos. Si las víctimas tienen esperanza, entonces el país tiene esperanza".

13

Invadidos por la DEA, la CIA y los *boinas verdes*

Desde 2006 los *boinas verdes*, como se conoce a los soldados del Séptimo Grupo de Fuerzas Especiales de Estados Unidos, realizan operaciones en suelo mexicano, según se reveló en una presentación "no clasificada, para uso oficial exclusivamente", dada a conocer en junio de 2011 en la página de *Narco News* y retomada por la cadena *Univisión*, que elaboró un reportaje sobre el tema. Hubo un encuentro en Washington y un *briefing document* con sus contenidos, circulado entre el Departamento de Defensa de Estados Unidos y un grupo de líderes políticos y empresariales del noroeste de Florida en mayo de 2009, en el cual se afirmó que hasta entonces se tenía registrada la presencia de soldados estadounidenses del mencionado grupo de elite en 18 naciones latinoamericanas, incluido México.

La participación de estos militares en nuestro país se inició cinco años antes de la fecha en que se difundió el reporte, desde que fueran emplazadas fuerzas especiales (Airborne Green Berets) en una operación antinarcóticos. Hasta el término del año fiscal 2009 (30 de septiembre de ese año, como consta en el documento) continuaban los emplazamientos, presencia y actuación de los *boinas verdes* en México. Antes de la referida reunión en Washington, ni el Pentágono ni el Departamento de Estado habían confirmado jamás que hubiese militares del país del norte desplazados y actuando en territorio mexicano, aunque es conocida la presencia aquí de agentes de la DEA, la CIA, FBI, el ICE (Inmigración y Control de Aduanas) y la ATF (Control de Alcohol, Tabaco, Armas de Fuego y Explosivos). Pero muy diferente es que se acepte de manera oficial, en un documento del Pentágono, que tropas de elite han hecho operativos en México.

Indagaciones periodísticas mexicanas ya habían ubicado la presencia de militares estadounidenses en varias ocasiones: cuando cayó un avión con cocaína en Tixkokob, Yucatán, en 2008; en patrulla por zonas de influencia zapatista en Chiapas, antes de 2000; en la aplicación del detector de mentiras a mandos policiacos mexicanos, mayo de 2007; en los operativos para liquidar a Arturo Beltrán Leyva (diciembre de 2009 en Cuernavaca), y durante la captura de de Teodoro García Simental, *El Teo,* en La Paz, Baja California Sur (enero de 2010), entre otros episodios.

Comandantes de la Policía Federal me revelaron, indignados, cómo oficiales estadounidenses les aplicaron la prueba del polígrafo en el hotel Marquis, en Paseo de la Reforma, en mayo de 2007. Muy cerca de ese hotel se ubica hoy el centro de inteligencia binacional, en el que operan agentes de México y Estados Unidos, según se ha confirmado. Allí estaría el centro de información al que aludió el presidente Felipe Calderón en una entrevista con el programa de CBS *Evening News with Katie Couric,* un búnker ultra secreto llamado Comando Central de Inteligencia, desde donde monitorea su propia guerra. Contra lo que todos pensamos en ese momento (que estaba en algún subterráneo en la residencia oficial de Los Pinos, como parecía hacerlo entender una alusión de la conductora del programa), resultó que se ubicaba en el edificio de Paseo de la Reforma 265, tan cerca, paradójicamente, del Ángel de la Independencia. Calderón se entusiasmó y a media entrevista preguntaba a Couric aquel noviembre de 2010: "¿Usted recuerda el programa de televisión *24* [una serie de espionaje en donde el agente federal Jack Bauer se dedica a desactivar atentados terroristas sin reparar en los métodos y las armas para atacarlos]? Bueno, pues yo quería todos los juguetes, todo eso, todos los instrumentos necesarios para superar a los criminales".

Calderón le dio acceso a la televisora al búnker "súper secreto", en el cual se filmaron aparatos y pantallas de alta tecnología que reciben la información desde cámaras, sensores y computadoras que generan en tiempo real imágenes e *inteligencia* sobre la delincuencia organizada. En esa transmisión, Calderón reiteraba, expresándose en inglés, que no había otro camino más que el que decidió él mismo para combatir a los traficantes. "O permites que estos criminales tomen el país o enfrentas el problema", expresó en un discurso que en esencia repetiría ante las víctimas de la violencia en el Castillo de Chapultepec medio año después. El presidente Calderón insistió en que la violencia en México "es resultado de la efectividad de la ofensiva gubernamental; los cárteles se combaten entre sí, porque están perdiendo el control, tienen un proceso de inestabilidad interna y están perdiendo mercado, perdiendo territorio y capacidad de hacer todo lo que hacían en el pasado". Además de aceptar que hay control delincuencial de territorios, el presidente dijo que abatir los índices tan altos de la violencia "tomará tiempo, tomará dinero y desafortunadamente tomará vidas humanas".

Documentada la actuación de los *boinas verdes* en territorio mexicano, hay que apuntar que, ya en febrero de 2008, el IFAI había hecho público el dato de la presencia de 227 agentes de la DEA en México, diseminados en 13 puntos de la República, según estadística ofrecida por Anthony Placido, entonces director de la agencia estadounidense. Episodios como el asesinato de la funcionaria del consulado estadounidense en Chihuahua Lesley A. Enríquez y su marido Arthur H. Redelfs, así como la ejecución, en febrero de 2011, del agente del ICE Jaime Zapata, hicieron posible la mayor presencia aquí de agentes del vecino país, la cual se concretó en el edificio que usa de camuflaje la Bolsa Mexicana de Valores. De todas formas el IFAI respetó la decisión de la cancillería mexicana de reservar por 12 años la información sobre la presencia de agentes extranjeros en México, lo que prácticamente dejó en la absoluta opacidad el número y la calidad de los enviados de Washington en nuestro país.

Desde 2004 ya se daba a conocer en medios de comunicación la presencia de al menos un centenar de agentes de Seguridad Aérea Estadounidense (TSA, por sus siglas en inglés) en el aeropuerto de la ciudad de México, coordinados por la Homeland Security.

La agencia Associated Press (AP) obtuvo respuestas oficiales al respecto apelando a una ley de libertad de información, las cuales cruzó con presupuestos y auditorías del gobierno, y con testimonios ante el Congreso y otros informes. Con esa metodología pudo determinar que operan en territorio mexicano al menos 138 agentes uniformados, además de 69 empleados del Departamento de Estado. La DEA tiene por lo menos 60 agentes; 40 más están al servicio de ICE, 20 sirven al Servicio de Alguaciles Federales y otros tantos a ATF, detalló. Según la AP, existe ya "una cantidad sin precedentes de agentes estadounidenses que trabajan en México, y prácticamente todos los meses hay arrestos de figuras prominentes del narcotráfico, facilitados por la información suministrada por los estadounidenses mediante aviones no tripulados que vigilan a los traficantes en sus escondites y aparatos que permiten determinar el sitio exacto donde se encuentran los autos y los teléfonos de los sospechosos".

"Sí, tenemos instrumentos que nos permiten seguir a la gente", expresó Brad Barker, presidente de la corporación Halo, una firma privada de seguridad que, entre varias cosas más, ayuda en el rescate de personas secuestradas en México. "La cantidad de agentes destacados en ese país ha subido mucho", añadió. Por ejemplo, la cantidad de empleados del Departamento de Estado subió abruptamente de 19 a 69.

A funcionarios de la PGR se les escapó información sensible, así que declararon en abril de 2011 que el gobierno de Estados Unidos "tiene desplegados alrededor de 500 agentes de diversas dependencias" en México. Como ejemplos de colaboración, la PGR citó la detención de Teodoro García Simental, *El Teo*, la búsqueda y captura de los asesinos de Lesley A. Enríquez, y la captura de los autores del homicidio de Jaime Zapata.

El colmo es que los agentes foráneos determinan el quehacer de los locales, según publicó el diario *Excélsior* en abril de 2011: "En muchas ocasiones hay expertos mexicanos que laboran para las agencias del vecino país en materia de inteligencia, con la encomienda de infiltrarse en las diversas organizaciones del crimen organizado". Después del asesinato de Jaime Zapata y las lesiones contra Víctor Ávila, en San Luis Potosí, por acuerdo de los gobiernos de Estados Unidos y México se permitió el ingreso a cielos nacionales de aviones no tripulados conocidos como Global Hawk para dar seguimiento de inteligencia a actividades de narcotraficantes y líderes de organizaciones criminales. También se anunció que Estados Unidos planeaba duplicar la cifra de agentes del ICE en la frontera.

Con un edificio en donde se hace labor binacional, ahora hay operaciones conjuntas e intercambio de información para arrestar a delincuentes, confiscar cargamentos de droga, conseguir evidencia para llevar a juicio a sospechosos, extraditar fugitivos en ambos lados de la frontera, rastrear armas y capacitar a fiscales e investigadores policiales. No lo dicen esos reportes, pero la policía y el Ejército colombianos desempeñan un papel de instructores para los agentes mexicanos, como se vio en capítulos anteriores. Los *boinas verdes* actúan desembozadamente en Colombia y de manera subrepticia en México, según estas revelaciones.

Para coronar todos estos datos sobre la invasora presencia en nuestro país de cuanta agencia estadounidense existe, la revista *Proceso* publicó el 24 de julio de 2011, bajo el título "La DEA en México, como en casa", firmado por Jorge Carrasco Araizaga, un reportaje en el que afirma que esos agentes,

> […] como si fueran mexicanos, espían, detienen sospechosos, manejan a los policías de la PGR y atestiguan cómo aplican torturas; ellos mismos interrogan a los detenidos y se llevan celosamente la información a su búnker de Reforma 265. Los miembros de la agencia antidrogas estadounidense conocen bien las deficiencias y torpezas de los investigadores locales y llenan los vacíos en su provecho. No les preocupa la ley, porque se saben impunes: tienen permiso del presidente Felipe Calderón.

Carrasco describe como gran aliada de la DEA a la PGR, la cual integra averiguaciones con información que proporciona la agencia estadounidense "y permite a sus agentes interrogar a los detenidos y llevar la información así obtenida a sus propias bases de datos". La cancillería mexicana da cobertura operativa a los agentes de la DEA al otorgar camionetas con placas oficiales para realizar detenciones. Finalmente, la Secretaría de Seguridad Pública federal adapta sus informes para avalar las investigaciones de los agentes de Estados Unidos.

14

La Marina, punta de lanza de Estados Unidos

Marinos ejecutaron a Arturo Beltrán Leyva en su departamento de lujo en Cuernavaca, Morelos, el 16 de diciembre de 2009 (con información precisa de Estados Unidos).

Marinos capturaron limpiamente a Teodoro García Simental, *El Teo*, en un hotel de Baja California Sur, en enero de 2010 (con datos aportados por agencias de inteligencia desde Washington). *El Teo*, con su hermano *El Chiquilín* y su jefe de sicarios *El Muletas*, era el supuesto jefe de Santiago Meza, *El Pozolero*, quien presuntamente disolvió en ácido al menos 300 cadáveres.

Marinos liquidaron a Ezequiel Cárdenas Guillén, *Tony Tormenta*, en noviembre de 2010, cuando ya era una sombra de capo, siempre drogado y violento. Ezequiel era hermano de Osiel Cárdenas, capturado en 2003 en México y después extraditado a Estados Unidos, en donde hoy intenta comprar su libertad o una reducción drástica de su sentencia mediante donativos para instituciones altruistas, incluyendo una vinculada a Michelle Obama, primera dama estadounidense.

Marinos secuestraron a más de 15 ciudadanos en Nuevo Laredo, Tamaulipas, operando como comandos en aparente "limpieza social", en las tres primeras semanas de junio de 2011. Jóvenes y adultos con la característica de usar tatuajes, costumbre heredada de cuando fueron trabajadores indocumentados en Estados Unidos, continuaban sin aparecer dos meses después de que se los llevó la autoridad.

Por lógica, uno concluye que fueron también marinos —o sus operadores— quienes balearon la casa de la señora Oralia Guadalupe Villaseñor Vázquez unos días después de que ella denunciara cómo se llevaron a su marido José Fortino Martínez Martínez en la madrugada del domingo 5 de junio. La mujer decidió exiliarse con sus cuatro hijos en Estados Unidos.

En todos los casos —cuando fueron *desactivados* capos del narcotráfico y cuando fueron desaparecidos ciudadanos mexicanos, trabajadores, jefes de familia, sin nexo conocido con el tráfico de drogas, sacados incluso de sus casas mientras dormían— hubo siempre información de inteligencia y asesoría de agentes estadounidenses. La Iniciativa Mérida y los acuerdos de asesoría extranjera sirven tanto para ejecutar como para capturar o desaparecer. Los marinos han mostrado, en el caso de Nuevo Laredo, el lado más oscuro de esa "limpieza social" ejecutada por un órgano armado oficial.

La Armada mexicana fue seleccionada por Washington como el relevo "no corrupto", la institución mexicana que podría sustituir al Ejército en delicadas operaciones, porque se descubrió en los cables de *WikiLeaks* que los soldados habían desarrollado "aversión al riesgo", estaban infiltrados por la delincuencia y ya no daban los resultados apetecidos por la potencia. En pocos meses los marinos entrenados como fuerzas de elite por Estados Unidos se posicionaron como primera instancia para ejecutar los asuntos que más interesaban al poderoso vecino del norte, cuyas directrices ciegamente obedece el gobierno mexicano.

La Marina tiene menos de la cuarta parte de efectivos en relación con soldados verde olivo (12 mil acaso, contra casi 60 mil de tropas de la Sedena), pero muy pronto rebasaron al Ejército en número y frecuencia de violaciones a los derechos humanos. En el caso de Nuevo Laredo, a la Secretaría de Marina no le importó que existiera evidencia irrefutable de participación de sus elementos en los operativos de secuestro y desaparición forzada de personas —fotografías, videos, grabaciones—, pues seguía negando tener a estos secuestrados: José Fortino Martínez Martínez, José Cruz Díaz Jaramillo, Joel Díaz Espinoza, Martín Rico García, Diego Omar Guillén Martínez, Usiel Gómez Rivera, Héctor Alejandro Rodríguez Vázquez y por lo menos otras ocho víctimas de desaparición, cuyas familias continuaban paralizadas por el temor a denunciar. Las autoridades navales negaban su responsabilidad igual que las fuerzas armadas han negado durante varios decenios haber causado más de 500 desapariciones forzadas de luchadores sociales durante la época de la más dura represión a la guerrilla y a cualquier disidencia en nuestra llamada "guerra sucia".

El temor de los familiares no era para menos: el domingo 5 de junio, a las tres de la madrugada, la casa de Oralia Guadalupe Villaseñor fue baleada con armas largas, mientras dormía con sus cuatro hijos. "Ya no quiero saber nada. Ya no quiero pedir justicia. Que sea lo que Dios quiera", dijo antes de exiliarse en Estados Unidos, tal como reportó Sanjuana Martínez en *La Jornada*. A propósito del ataque, para el presidente del Comité de Derechos Humanos de Nuevo Laredo, Raymundo Ramos, las cosas no pueden ser más claras: "Es un mensaje de vida o muerte para quienes denunciamos a los marinos".

Familiares que hablaron con Sanjuana dijeron sentirse en absoluta indefensión: "Hemos tomado una decisión muy vergonzosa, muy humillante, que es decir a la Secretaría de Marina: 'Vamos a retirar las denuncias, ya no vamos a hacer ningún cuestionamiento público, solamente presenten a nuestros familiares vivos o muertos. Si quieren de manera anónima. Dígannos dónde están y nos olvidamos del asunto' ".

Se exigieron medidas cautelares para las madres, esposas, hermanos y hermanas que ya habían presentado sus denuncias. Amnistía Internacional había exigido la aparición con vida de José Fortino incluso antes de que la vivienda en donde estaban su esposa e hijos fuera tiroteada. Éste es uno de los casos más escandalosos que se han presentado en años en México, porque incluso un marino no sólo se negó a ofrecer información de los desaparecidos a las familias, sino que mostró su desprecio a la autoridad ministerial cuando, en vez de recibir una notificación de la denuncia penal que le entregaron en propia mano, la dejó caer al piso en el campamento que la Armada montó en Hidalgo, Coahuila. Amnistía reportó a seis de los desaparecidos, pero envió un mensaje a Londres en el que afirmaba haber recibido durante junio "reportes de otras ocho desapariciones forzadas que no han sido denunciadas por los familiares por miedo a represalias".

Aunque la Armada negó los hechos en un principio, tuvo que reconocer casi un mes después, mediante un comunicado oficial, que "tuvo contacto con seis" de los 15 desaparecidos (José Fortino Martínez, José Cruz Díaz Camarillo, Héctor Rodríguez Vázquez, Martín Rico García, Diego Omar Guillén Martínez y Usiel Gómez Rivera), pero aseguró que "hasta el momento no existen indicios que hagan presuponer que el personal naval haya asegurado, y menos aun privado ilícitamente de su libertad, a estas personas".

A finales de julio se oyeron expresiones del secretario de Marina, almirante Mariano Francisco Saynez (en un discurso pronunciado frente al presidente Felipe Calderón, durante la graduación de cadetes de la Heroica Escuela Naval en Antón Lizardo, Veracruz), que revivieron el discurso autoritario de más de cuatro décadas atrás, cuando afirmó que la delincuencia empleaba a grupos de derechos humanos para intentar "manchar" el prestigio de las fuerzas armadas y acusó a las organizaciones defensoras de caer "en el juego perverso de los criminales". El mensaje de Saynez era un inequívoco mensaje de que los militares y marinos no permitirán ser auscultados por los civiles.

El discurso diasordacista de Saynez coincidió con el rechazo del subsecretario de Gobernación Rubén Fernández a la creación de una comisión de la verdad que había solicitado el Movimiento por la Paz con Justicia y Dignidad encabezado por Javier Sicilia. "No estamos en los sesenta", dijo Fernández, empleando argumentos de los sesenta. "Estas comisiones las vemos más para atender asuntos viejos, de aquellos tiempos: Chile, Argentina, España, las dictaduras y demás. Lo que tenemos en México es muy distinto [...]. Estoy de acuerdo en que varias de nuestras instituciones tienen puntos débiles, pero de eso a pensar que, como en los años sesenta o setenta, no tenemos instituciones que procuren la verdad [...] hay una gran distancia", decía el mismo día en que el almirante Saynez mentía abiertamente, porque hay pruebas irrefutables de que sus marinos actuaron ilegalmente al llevarse a un destino incierto y desconocido a ciudadanos de Nuevo Laredo.

El presidente Calderón lanzó misiles declarativos para ocultar las gravísimas denuncias de desaparición forzada contra los elementos navales: "Es motivo de orgullo saber que están ahí, no sólo con fortaleza y valor, los marinos, sino también con un profundo sentido de lo que significa el respeto a los derechos humanos".

La realidad que vivieron familias enteras en Nuevo Laredo está a cien años luz de las autocomplacientes loas a la Marina. Diego Omar Guillén Martínez vendía tacos en un puesto en la esquina de su casa, junto con sus suegros. Fue sacado de la habitación donde dormía por marinos con armas largas, capuchas y uniformes camuflados con el logotipo de la Marina. El gobierno esta vez no puede alegar que "eran delincuentes disfrazados", como lo ha hecho en muchas ocasiones, porque los cateos y secuestros de civiles en Nuevo Laredo duraron tres semanas; si fueran delincuentes camuflados como marinos, en vehículos filmados con sus placas, ¿no habría autoridad alguna que impidiera su actuación?

Familiares de algunos de los secuestrados los siguieron por las colonias Los Olivos, Campanario y Reservas Territoriales, además de la carretera al aeropuerto. Por todos esos sitios circulaban camionetas con marinos, quienes fueron a allanar otras casas en las calles de Puerto Vallarta y en la 15 de Junio, instalaron un retén en Mazatlán y Carretera Anáhuac, y terminaron en el hotel Santa Mónica después de recorrer domicilios en las calles de Venezuela, César López de Lara, Paseo Colón y Reforma. Antes del amanecer, los marinos dejaron el hotel y se fueron a la colonia El Mirador, en donde habría otro cateo, y después se enfilaron hacia la carretera nacional. Los secuestrados no volverían a aparecer en los siguientes dos meses, vivos ni muertos.

Uno de los marinos le sorrajó esta frase a quienes buscaban a los secuestrados, según le narraron a Sanjuana Martínez: "Por lo menos su familiar cayó en manos de nosotros; si hubiera caído en manos del Ejército ya lo hubieran matado". Las primeras desapariciones en Nuevo Laredo habían ocurrido en mayo. No se denunciaron porque maltrataban a la gente y la soltaban, dice Raymundo Ramos, dirigente del Comité de Derechos Humanos de Nuevo Laredo. Pero ya después los sacaban de sus casas en la madrugada y se los llevaban. Ésos no han vuelto.

Una de las estrategias del Ejército y la Marina es emplear personal de una región para actuar en otra; así, cuando surgen responsabilidades por violaciones a las garantías individuales o colectivas, simplemente ese personal no estaba adscrito a la zona. Un video muestra cómo los habitantes de Betania, en Chiapas, capturaron a un GIZ, en el marco de agresiones a los indígenas, pero su base estaba en Baja California. Otro ejemplo absurdo es el de los militares que fueron llevados desde Sonora para el cateo a la residencia de Jorge Hank Rhon en Tijuana. Todo fue irregular y quedaron en absoluto ridículo el Ejército, la PGR y la procuraduría local, pues Hank quedó libre. Las armas que le incautaron pertenecían a las fuerzas armadas y a la policía local.

Los métodos de interrogatorio y tortura que se atribuyen a Los Zetas en los medios (golpes con tablas en los glúteos, simulacros de fusilamiento, arranque de uñas, corte de dedos u orejas, peleas promovidas entre los propios detenidos, colgamiento de cuerpos atados de brazos o piernas, violaciones sexuales) son parte de las enseñanzas de los cuerpos armados oficiales que se imparten en México y en el extranjero. Tengo en mis manos cientos de páginas de los instructivos utilizados para entrenar a militares latinoamericanos en la Escuela de las Américas (SOA, por sus siglas en inglés). Citaré solamente algunas frases que son como perlas de la mentalidad del Ejército estadounidense transmitidas a sus alumnos:

> 3. *La fascinación popular con el terrorista.* Las personas tienden a admirar a los "luchadores contra la tiranía". Muchas personas les otorgan cualidades románticas a los terroristas como luchadores por la libertad o héroes, cuando en realidad son poco más que criminales [...].
>
> B. *Defensores políticos.* Los defensores políticos son mucho más complejos. Su misión suprema es la de publicar su causa e impresionar a aquellos a quienes supuestamente están representando. Ya que los defensores políticos creen que lo que están haciendo es correcto, que el fin justifica los medios y que actúan en representación de las masas oprimidas, son mucho menos predecibles [por eso hay que contenerlos y reprimirlos a como dé lugar, apunto yo] [...].

F. *Terroristas contraterroristas*. Utilizan el terrorismo para combatir al terrorismo. Muchos de estos grupos emergieron como respuesta a las actividades de terrorismo. Estos grupos son más comunes de lo que se pensaba anteriormente. Los Escuadrones de la Muerte y la Organización Mano Blanca en Centro y Sudamérica son ese tipo de grupos [...].

I. *Terroristas del establishment*. Operan con el permiso del gobierno o hasta con su apoyo. Esta forma de terror por lo general es empleada para mantener sumisa a la población o para mantener al régimen en el poder.

La organización SOA Watch, que hace escrutinio y seguimiento de la formación de represores latinoamericanos en la SOA, afirma en un comunicado que de los aproximadamente 40 militares de elite mexicanos fundadores de Los Zetas (que de sicarios pasaron a ser un cártel que las autoridades de Estados Unidos equiparan a los más peligrosos del mundo), más de una tercera parte de los casi 40 fundadores de Los Zetas recibieron cursos en dicha escuela. Ahora mismo los marinos están siendo entrenados como fuerzas de elite en Estados Unidos.

15

Escuadrones de la muerte y limpieza social

Ya iban en julio-agosto de 2011 más de 50 mil asesinatos en el país con los que el gobierno se atribuía "éxito" en el combate contra el crimen organizado. Al menos 70 por ciento de esa espantosa cifra eran menores de 29 años. "¿Acaso todos los que mueren son criminales?", se pregunta con toda la razón Carlos Cruz, dirigente de Cauce Ciudadano.

En un esfuerzo por documentar la barbarie, colocar nombre y apellido a las víctimas, encontrar explicaciones al hallazgo de tantos cadáveres de jóvenes en fosas clandestinas, dar respuesta a una ciudadanía dolida y desconcertada, Carlos participa en la elaboración de una lista de matanzas en todo el país y en el rescate de la identidad de los victimados. Cuando puedo asomarme a ese abismo de violencia colocado en páginas de computadora, están registrados ya más de 150 casos, con más de 600 mexicanos cuyas vidas acabaron de manera absurda y bestial.

Existe un problema adicional: hay que identificar la autoría de tanta muerte inútil, inexplicable en muchísimos casos sin la intervención de fuerzas de seguridad oficiales. Carlos Cruz observa, durante este esfuerzo de recopilación, que hay demasiados jóvenes *levantados* y asesinados en barrios pobres, marginales; muchos que fueron desaparecidos vivos en un sitio del país pero cuyos cadáveres aparecieron tirados en otro distinto y distante. "Da la impresión de que en México está comenzando el fenómeno de los *falsos positivos*. Falta explicar el porqué de esas fosas clandestinas con cuerpos que la información oficial dice que son jóvenes que no se quisieron enrolar con grupos de la delincuencia organizada".

El recuento de Cauce Ciudadano se concentra en casos de ejecuciones masivas, con 4, 5, 8, 12, 20 o más víctimas cada una. Independientemente de que al final del encuentro en el Alcázar del Castillo de Chapultepec, entre familiares de víctimas y el presidente Calderón, se tomó la decisión de crear un fideicomiso y edificar un memorial para recordar a los inocentes caídos en la lucha contra la delincuencia organizada, con placas alusivas, y que esa tarea fue encomendada a la PGR, hay un trabajo de recopilación que jamás hará la autoridad, con o sin memorial, y que le toca construir a la ciudadanía. En eso están Cauce Ciudadano y otras organizaciones dentro de Recupaz (Red por una Cultura de Paz), frente a las cuales Carlos Cruz dijo que hay que comenzar a documentar a los que ya no tienen voz, porque fueron asesinados, pero tenían sueños y derechos. De inicio, rescató del olvido el nombre de Alfredo Iván Barrios Solís, la primera víctima de la guerra de Calderón, el 1 de diciembre de 2006.

También hay preocupación por el retiro forzado de poblaciones callejeras y por la desaparición y asesinato de mexicanos a los que sus victimarios consideran "desechables". La Red por los Derechos de la Infancia en México (Redim), que agrupa a 67 organizaciones en 14 estados de la República, ha emitido alertas contra políticas públicas explícitamente discriminatorias en Monterrey, Ciudad Juárez y otros sitios, en donde indigentes, vagabundos y enfermos mentales son recogidos en la vía pública y luego abandonados en carreteras y caminos fuera de las ciudades. Tras el desplazamiento por limpia social, "hubo muertes coincidentes en la Sierra de Juárez", Nuevo León, advirtió la Redim. Para Juan Martín Pérez, director de la Red, es muy grave que "los adolescentes sean criminalizados y estigmatizados. Cuando muere un adolescente, se lo asocia inmediatamente al crimen organizado, sin investigación previa y sin elementos". En algunos estados se ejercen acciones de retiro forzado, y hay casos "claramente de limpieza social". Si eso ocurre oficialmente, no hay que tener mucha imaginación para saber lo que ejecutan por su cuenta grupos de la delincuencia, paramilitares bajo control del gobierno y las fuerzas armadas oficiales.

Por razones de espacio, selecciono de la lista preliminar de víctimas solamente casos de 2011, aunque a finales de 2010 hubo otros gravísimos como la ejecución de 15 trabajadores del lavado de autos Gamboa, en Tepic, Nayarit. Eran adictos en rehabilitación del centro *Alcance Victoria*, que hacían terapia laboral. Veamos:

Tepehuanes, Durango, 4 de enero. Aparecen cuatro cuerpos sin vida, dos de ellos dentro de una pick-up Silverado.

Acapulco, Guerrero, 5 de enero. Los cuerpos de 24 personas son hallados cerca de un centro comercial, 15 de ellos decapitados. Son identificados siete, todos ellos jóvenes: Johnatan del Carmen Estrada, Miguel Ángel Rodríguez, Santiago Lechuga, Juan Luis Ruiz Castro, Benjamín Cortés, Luis Fernando y Genaro Ruiz López.

Iztapalapa, Distrito Federal, 8 de enero. Cinco hombres son asesinados en la tienda de abarrotes Tal'Iván, con disparos desde un automóvil.

Ciudad Juárez, Chihuahua, 23 de enero. Siete jóvenes que jugaban futbol son acribillados por un comando armado. Tres más son hospitalizados. Las víctimas tienen nombre y apellido: José Ángel Galván, Gustavo Alberto Moreno, Ángel Ulises Reyna, Óscar Sánchez, Mario Magdiel Moreno, Ernesto Flores Acosta, Aarón Prieto, Adán Pacheco, Erick Estrada Jiménez y David Santana. Todos eran trabajadores y vecinos. (Lo mismo había ocurrido un año antes en Cuernavaca, donde fue secuestrado un equipo entero de futbol integrado por albañiles y obreros, cuyos cuerpos fueron lanzados desde el puente de Mezcala de la Autopista del Sol.)

Ciudad Juárez, 23 de febrero. Un grupo armado ataca a seis niños que jugaban en el patio de su casa. Mueren las menores Karen, Esmeralda y Griselda.

Ciudad Juárez, 6 de marzo. Cuatro hombres y una mujer son fusilados en calles de la colonia Juárez. *Levantados* en la esquina de Artículo 23 y Plata por hombres armados que viajaban en camionetas, son puestos frente a una pared y les disparan por la espalda. Vecinos piden auxilio de la autoridad, que llega una hora después.

Ciudad Juárez, 10 de abril. Mujeres que portan *cuernos de chivo* ejecutan a dos jóvenes de entre 20 y 25 años sobre la banqueta en la esquina de General Terán e Ignacio Alatorre, en la colonia Mariano Escobedo.

Michoacán, 9 de junio. Los cadáveres de al menos 21 personas, con signos de tortura y ejecutados a balazos, son arrojados en diferentes puntos de las salidas de Morelia. Sobre algunos de los cadáveres aparece un mensaje: "Porque la sociedad lo pidió, aquí están los rateros de casas-habitación, asaltantes y violadores. Aún faltan más".

Nuevo León, 12 de junio. Los cuerpos mutilados de tres hombres son abandonados a la entrada del municipio de General Terán. Sus brazos, piernas y cabezas fueron puestos en bolsas negras.

Monterrey, Nuevo León, 24 de junio. Un hombre y una mujer, aparentemente menores de edad, son acribillados por un comando armado en la colonia Florida, contra la barda de una escuela en el mismo sitio en donde la semana anterior habían sido asesinados, con intento de quemarlos, otros tres individuos.

Zamora, Michoacán, 25 de junio. Tres jóvenes son asesinados y abandonados en el baño de una empresa de calentadores solares.

Monterrey, 26 de junio. Cuatro jóvenes son fusilados por un grupo de individuos armados con rifles de asalto, al sur de Monterrey. Es el tercer acto similar de fusilamiento en menos de un mes en el barrio Estanzuela, pues los orificios en la pared evidencian ese *modus operandi.*

En semejante contexto, el Senado de la República había solicitado formalmente al Cisen que proporcionara informes sobre la existencia de escuadrones de la muerte, "responsables de miles de asesinatos y desapariciones forzadas", además de los que el gobierno asegura que comete la delincuencia organizada. "Esos grupos actúan al margen de la ley con complicidad, reconocimiento o tolerancia del Estado mexicano", dijo Ricardo Monreal Ávila, coordinador del Grupo Parlamentario del Partido del Trabajo. Los escuadrones están conformados por soldados y oficiales desertores del Ejército y policías despedidos por corruptos. "Son paramilitares adiestrados".

A propósito de las declaraciones del alcalde de San Pedro Garza García, según las cuales que crearía y utilizaría "grupos rudos" para limpiar el municipio, Monreal declaró que ese alcalde no era el único en emplear paramilitares. "Los gobernadores tienen grupos de exterminio, grupos de 'limpieza' que adiestran y seleccionan como grupos de elite, y que actúan fuera de la ley". Hay también empresarios que contratan a estos grupos en Jalisco, Nuevo León, Coahuila, Sonora, Chihuahua, Tamaulipas, Michoacán y Guerrero.

Doña Mercedes Murillo Monge, presidenta del Frente Cívico Sinaloense, reportó hace más de tres años las acciones de exterminio registradas en Culiacán y Mazatlán, cuando comenzaron a aparecer jóvenes asesinados con letreros en los que se les llamaba "ratas" y ladrones de poca monta, callejeros, asaltantes, roba autos. "Desaparecen a los pobres, a los desamparados. En esta supuesta guerra han muerto muchos inocentes asesinados por las autoridades", concluye doña Mercedes. Y, como ella dice: "Es difícil probar quién promueve estos grupos de la muerte".

Cuando me entrevisto con ella en Culiacán, Mercedes menciona a los cientos de jóvenes que son reclutados con ofertas jugosas para cosechar productos agrícolas y que al final son utilizados para recolectar mariguana o goma de opio de la amapola. "Después simplemente no aparecen, porque los narcos prefieren no pagarles, y sus familiares no los vuelven a ver". Pero lo que más la tenía indignada era que por esos días había muerto una niña cuando estaba en el kínder, meciéndose en un columpio, cuando se dio una balacera entre narcos y policías. Se preguntaba en voz alta: "¿Y así insisten las autoridades en decir que las víctimas [colaterales] estaban en el momento y en el lugar equivocados?"

A su Frente Cívico acudieron los papás de Moisés Iván Barraza, de 21 años, llevado sin razón el 25 de abril de 2011 a la una y media de la tarde por individuos armados, quienes también secuestraron a Javier y a Gilberto, otros dos jóvenes de la colonia Ampliación Toledo Corro. Cuando conversé con sus padres, ellos se habían gastado todo su patrimonio en volantes y en la búsqueda de Moisés Iván en Aguaruto, Bachigualato, Buganvilias, Navolato, Culiacancito y Villa Juárez, rumbos por donde les decía la gente que lo habían visto deambular.

A las desapariciones se suman los asesinatos absurdos, sin razón aparente, de tantos hombres y mujeres. El empresario de 32 años Alberto Quiñónez Hermosillo fue baleado y muerto en el que se conocía como "el pabellón más seguro en Ciudad Juárez", la avenida Gómez Morín, en marzo de 2011, sólo porque tenía una camioneta Cheyenne gris plata parecida a la de agentes ministeriales. Alberto tenía una empresa aduanal, Export & Import Solutions; era un hombre bueno y creyente, y estaba a punto de irse a radicar a El Paso, precisamente por la inseguridad en Juárez. Dos horas y media después, cuando se analizaba la escena del crimen y peritos recogían los casquillos de armas automáticas, a 20 metros de distancia, en el semáforo en rojo paró una camioneta similar. Su ocupante, un empresario estadounidense que solamente estaba de visita, cayó también abatido a balazos. Al día siguiente fue ultimado un agente ministerial, el hombre al que en realidad buscaban desde el día anterior. Lo que unió los tres crímenes dolosos fue el tipo de *troca* que utilizaban las víctimas, según la policía, que no fue más allá en las investigaciones.

Al joven albañil Iván Montelongo Rivas, de 20 años, que salía de su casa el 19 de octubre en Torreón, Coahuila, le metieron 30 balazos; su cuerpo iba a ser echado a una fosa común sin hacerle la autopsia cuando los familiares lo hallaron y lo reclamaron. Pronto apareció en los periódicos la falsedad de que era un *halcón* al servicio de la delincuencia.

Marco Antonio García Orozco, joven promotor de productos de limpieza, fue liquidado mientras arreglaba su auto en la zona centro de la capital de Chihuahua. Llegó un grupo de militares que disparó contra un presunto sicario apodado *El Crispín* y de paso lo acribilló a él, ese mismo domingo en que tomaba posesión el gobernador César Duarte.

No para de llorar cuando me detalla estas ejecuciones irracionales Christian García, hermano de Marco Antonio y cuñado de Iván Montelongo; los sollozos lo cimbran de pies a cabeza: es el vivo retrato de miles y miles de mexicanos que no saben por qué precisamente a ellos les cayó encima la sombra de una muerte violenta.

16

Armas oficiales, negocio de militares

Hubo una razón más corrupta que el propio corrupto Jorge Hank Rhon para que ni la Procuraduría General de la República, con su acusación ministerial, ni la Secretaría de la Defensa, con su cateo domiciliario, lograran dejar en prisión al ex alcalde de Tijuana: buena parte del armamento hallado en la residencia de Hank Rhon era del incautado a la delincuencia y había sido extraído ni más ni menos que de los resguardos del propio Ejército y de la policía municipal de Tijuana. El resto llegó por una vía tan ilegal como la primera: pertenece a Cuerpos Auxiliares del Estado de México (Cusaem), un híbrido de órgano oficial y privado que maneja el negocio a través de la licencia colectiva 139 que otorgó la Dirección General del Registro Federal de Armas de Fuego y Control de Explosivos de la Sedena a la Agencia de Seguridad Estatal del Estado de México, pero que ilegalmente *presta* armamento a policías de otros estados y municipios y a varias empresas de seguridad privada que lucran con personal y equipo pagados desde el erario, al amparo de autoridades civiles y castrenses. Algunos jefes son al mismo tiempo dueños de los negocios.

Bien escribió mi amigo el columnista bajacaliforniano Jaime Flores Martínez, cuando la subprocuradora contra la Delincuencia Organizada, Patricia Bugarín, le reprochaba a una juez (la noveno penal Blanca Evelia Parra Meza) por haber exculpado a Hank del presunto delito de acopio de armas: "Si no hay delito de acopio, ¿qué hago ahora con las 88 armas?" "Fácil, señora Bugarín: regréselas al cuartel", le aconsejó.

La trama corrupta oficial se tejió durante muchos años. Es una herencia envenenada que no sólo dejó incólume a Hank Rhon, sino que puso en ridículo al Ejército y a las autoridades de procuración de justicia, tanto federal como local.

Hay secretarías de Seguridad Pública (es el caso de la municipal de Tijuana y la estatal de Baja California, pero también otras muchas, como las de Yucatán, Tabasco, Coahuila y sobre todo la del Estado de México) que *rentan* o *comisionan* a servidores públicos para que sirvan a corporaciones privadas de seguridad. Y lo hacen con armas oficiales. Aun en los casos en que no envían elementos policiacos oficiales, le *prestan* armas a las policías comerciales, porque el precio de contratar a guardaespaldas, choferes, vigilantes y personal de seguridad para comercios, industrias y centros nocturnos se eleva sustancialmente cuando portan armas, y entre más sofisticado sea su armamento, más caros son sus servicios. Muchas empresas no pueden tener personal armado por carecer de licencia de la Sedena.

Durante más de cuatro años, la seguridad en Baja California y Tijuana ha estado a cargo de mandos militares; es precisamente el Ejército el encargado de resguardar el armamento incautado a narcos y demás delincuentes capturados, más el que localiza en cateos a casas de seguridad o el que queda tras enfrentamientos callejeros. Un binomio perverso es que, a mayor violencia, más necesidad de seguridad privada en Tijuana. Esto es aprovechado por militares, policías y negociantes privados, todos corruptos. Así fue como la Policía Comercial, cuyo anterior director era Rubén Nieto Aranda, fue favorecida por la Secretaría de Seguridad Pública (entonces a cargo del teniente coronel Julián Leyzaola Pérez, hoy en Ciudad Juárez) y por el ex director de la Policía Municipal Gustavo Huerta Martínez. Ellos le aportaron irregularmente personal pagado por el gobierno, y además con armas que fueron extraídas de los almacenes castrenses. El esquema fue heredado por el actual secretario de Seguridad Pública municipal Gustavo Huerta Martínez y el nuevo director de la Policía Comercial Julián Domínguez.

La operación corrupta ya existía desde antes de que Hank Rhon fuera alcalde de Tijuana. No sólo la mayor parte de los guardaespaldas de Grupo Caliente, con todo y armas, son subcontratados por empresas privadas de seguridad que se amparan en la licencia 186, sino que desde Toluca se *alquila* otra licencia colectiva de portación de arma (la 139) para que la empleen policías particulares en Tijuana.

Por haber sido extraídas de manera ilegal del resguardo, varias armas incautadas a delincuentes pudieron haber participado en muchos crímenes y no solamente dos o tres, como la PGR y la procuraduría local dijeron haber confirmado, asunto en el que embarcaron al rijoso presidente Felipe Calderón. En efecto, el 10 de junio la PGR concluyó, mediante el sistema IBIS que permite ubicar qué tipo de arma de fuego se utilizó en un delito, que una escuadra calibre .380 de las que estaban en la mansión de Hank Rhon se utilizó para matar (ironías del destino) al guardia de seguridad Olegario Figueroa Leandro, el 16 de diciembre de 2009. Otra escuadra .40 fue el arma homicida de Martín Feliciano Camacho el 28 de junio de 2010. Los dos crímenes se perpetraron en la Zona Río. Hank, una vez liberado por orden de la juez novena, fue reaprehendido por unos instantes y luego puesto en libertad nuevamente por la autoridad local, bajo cargos del presunto asesinato de Angélica María Muñoz Cervantes (con otra de las armas).

El harakiri que se propinaron los soldados ocurrió porque quienes catearon la residencia de Hank habían llegado de Sonora (que también pertenece a la II Región Militar) e ignoraban los manejos corruptos de sus colegas militares, jefes policiacos y empresas privadas de seguridad en Tijuana, operadores del tráfico interno de armas para hacer negocios.

La punta del iceberg de estos usos y costumbres corruptos asomó en la denuncia que puso por escrito en 2008 el general de División Sergio Aponte Polito, entonces jefe de Región en Baja California. Aponte destapó el escándalo de 22 armas que participaron, en diciembre de 2007, en el atentado contra el director municipal de Seguridad Pública en Playas de Rosarito, Jorge Eduardo Montero (en el cual murió su escolta, Guillermo Castro Corona, y fue herido el agente Leonel Pizaña Brit), porque antes habían sido utilizadas cuando fueron asesinados los policías de la estatal preventiva Fernando Terán

Álvarez y Noé Ríos Ortega (diciembre de 2006) y cuando fueron liquidados los también policías Carlos Horacio Morales y Michael Rodríguez, y ejecutado el comandante de Tecate, José Juan Soriano Pereyra (diciembre de 2007). Además, las armas aparecieron en enero de 2008 en el atraco a un transporte de valores. Once policías fueron investigados sin mayor consecuencia por delitos cometidos con armas oficiales. "¿En manos de quién está la seguridad en Baja California?", preguntaba el general.

El capítulo no se cierra ahí. La corrupción del personal oficial policiaco y el uso ilegal de armas de cargo o incautadas ya fueron detectados por la Sedena, que emitió un oficio en enero de 2011 en el que se advertía que "existen corporaciones bajo diversos nombres o razones sociales controladas por la Coordinación General del Consejo Consultivo Estatal de Seguridad Pública, bajo el amparo de la Licencia Oficial Colectiva 186, otorgada por la Secretaría de la Defensa Nacional, los cuales [*sic*] indebida e ilegalmente proporcionan servicios de seguridad privada a empresas, personas e instalaciones privadas y, en ocasiones, excede [*sic*] su jurisdicción". Recuerda la Sedena a las autoridades de Baja California que se puede llegar a cancelar esa licencia colectiva; cita además el artículo 85 bis de la ley en la materia que dispone que "se impondrá de 5 a 15 años de prisión y de 100 a 500 días de multa" a quien haga mal uso de esas licencias.

Si se aplicara la ley, implicaría un escándalo nacional que dejaría atrás, con mucho, el episodio Hank. Pero todo parece indicar que el oficio quedó sólo como una espada de Damocles, como prueba oficial de que "algo se hizo" (una advertencia sin castigo) frente a las prácticas corruptas generalizadas.

El general José Luis Ramón Velasco Guillén, titular de Control de Armas de Fuego y Control de Explosivos del Ejército, viajó a Tijuana para intentar hacer un control de los daños causados por estas redes depredadoras. A él se le menciona como próximo beneficiario de estas prácticas muy enraizadas de mezclar los negocios con la seguridad.

Parece que todo mundo participa en este corrupto *modus operandi*. A más de permitir el tráfico de armas decomisadas desde almacenes del Ejército, trascendió que al menos tres generales manejarán en Baja California (después del escándalo y del ridículo) la empresa Servicios Integrales de Protección y Defensa, justamente con el objeto de canalizar el empleo de policías y de armas con permisos oficiales (licencia oficial colectiva 186) para negocios privados. Aunque como prestanombres aparece Karlomar Sanay Burrola, detrás están su protector, el general de Brigada Alfonso Duarte Mújica, comandante de la II Región Militar con sede en Mexicali; el general Tomás Ángeles Dauhajare (ex aspirante a secretario de la Defensa, y quien ya se habría ido a vivir a Tijuana para manejar la empresa), y el mismísimo director general de Armas de Fuego y Control de Explosivos de la Sedena, el general de Brigada José Luis Ramón Velasco Guillén. A este último los integrantes de la Cámara de la Industria del Transporte de Explosivos lo han acusado primero de exigirles contratar servicios de empresas de seguridad privada, para "minimizar el riesgo de que ese peligroso material caiga en manos criminales que pudieran elucubrar actos indeseables que atenten contra la tranquilidad de la ciudadanía", pero luego ha sido muy permisivo con empresas que no cumplen esas disposiciones, "provocando el abaratamiento de los servicios y, por ende, el desequilibrio del mercado".

Al parecer no se trata solamente de una competencia comercial desleal, "sino de que existen vínculos de complicidad" entre el alto mando militar y empresas como Grupo Seijo (Distribuidora de Explosivos Peninsular, S.A. de C.V.), Grupo Bari (con las compañías Perforaciones Tauro y Explosivos Asturión) y Mafusa (Materiales y Fulminantes del Sureste), todas en la península de Yucatán.

La joya de la corona es Cusaem, corporación policial que se ostenta adscrita a la Agencia de Seguridad Estatal (ASE) y dependiente de la Secretaría General de Gobierno mexiquense. Genera ganancias por más de 2 mil millones de pesos anuales al otorgar seguridad privada, guardias personales y armas a 3 300 clientes. Empero, Cusaem no está mencionada en el presupuesto anual de ingresos o egresos del gobierno mexiquense. No se audita porque no es empresa pública, aunque se ostenta como tal. El personal adscrito a Cusaem no está afiliado al

Issemyn (Instituto de Seguridad Social del Estado de México y Municipios) ni se encuentra en la nómina del gobierno estatal. Legalmente es un ente privado que goza de todas las canonjías de órgano público. Se trata de un monopolio "que viola la normatividad vigente" y que contribuye a que no exista equidad en el mercado, expresan en un documento decenas de empresas de seguridad privada con permisos oficiales. (De unas 10 mil que operan en la República, si acaso algo más de 100 cuentan con autorizaciones.)

Entre los clientes de Cusaem estaba José Jorge Balderas Garza, *El JJ*, capturado y acusado de haber agredido a balazos al futbolista paraguayo Salvador Cabañas en el Bar Bar y de ser distribuidor de cocaína en el Distrito Federal y la zona conurbada del Estado de México. Balderas es amigo del también arrestado Edgar Valdés Villarreal, *La Barbie*. Durante su campaña para gobernar el estado de México, Eruviel Ávila ofreció crear la Secretaría de Seguridad Pública estatal y canalizar las ganancias de Cusaem para mejorar las policías, porque hoy no ingresa un centavo a la tesorería estatal.

Lo dicho: no hace falta otorgar a los militares y policías mexicanos estímulos económicos por decreto presidencial o por directivas del Ejército para que se sientan premiados en la guerra contra la delincuencia organizada. Basta con que se les permita continuar en prácticas corruptas, en negocios con armas, explosivos, productos forestales, transporte, viáticos, gasolinas, compra y reparación de vehículos, equipos y uniformes. A la tropa se le duplicaron los haberes en cuatro años y medio. Si los marinos y soldados han cometido abusos, los protegió hasta hoy el fuero militar. Y con el "botín de guerra" que obtienen en cateos, revisiones y retenes, ¿para qué habrían de querer regresar a los cuarteles?

Levantones, narcofosas y falsos positivos, de José Reveles
se terminó de imprimir en octubre de 2011
en Quad/Graphics Querétaro, S. A. de C. V.,
Fracc. Agro Industrial La Cruz El Marqués
Querétaro, México.